本书系重庆市教育科学“十四五”规划2023年度教学改革研究专项重点项目“学科核心素养的行为表现及其教学（案例）研究”（项目编号：K23ZG2020005）的阶段性成果和西南大学研究生教育高质量发展项目优质课程“地理教育测量与评价”的研究成果。

地理教育测量与评价

基于高考试题的案例分析

王勇 曾彪 陈诗吉／著

西南大学出版社
SWUP
国家一级出版社 全国百佳图书出版单位

图书在版编目(CIP)数据

地理教育测量与评价：基于高考试题的案例分析 / 王勇，曾彪，陈诗吉著. — 重庆：西南大学出版社，2023.11

ISBN 978-7-5697-2142-3

Ⅰ.①地… Ⅱ.①王… ②曾… ③陈… Ⅲ.①中学地理课－高中－升学参考资料 Ⅳ.①G634.553

中国国家版本馆CIP数据核字(2023)第246694号

地理教育测量与评价——基于高考试题的案例分析

DILI JIAOYU CELIANG YU PINGJIA——JIYU GAOKAO SHITI DE ANLI FENXI

王 勇 曾 彪 陈诗吉 著

选题策划 | 段小佳
责任编辑 | 段小佳
责任校对 | 唐 倩
装帧设计 | 闰江文化
排 版 | 瞿 勤
出版发行 | 西南大学出版社(原西南师范大学出版社)
网上书店：https://xnsfdxcbs.tmall.com
地 址：重庆市北碚区天生路2号
邮 编：400715
印 刷 | 重庆市圣立印刷有限公司
成品尺寸 | 170 mm × 240 mm
印 张 | 10.25
字 数 | 147千字
版 次 | 2023年11月 第1版
印 次 | 2023年11月 第1次印刷
书 号 | ISBN 978-7-5697-2142-3
定 价 | 48.00元

序

2017年，我国新一轮基础教育课程改革正式开始。核心素养成为其新引擎，各学科均基于学科本质凝练了本学科的核心素养，成为教学、考试与评价的重要依据与基础。地理学科核心素养是指学生在真实的复杂环境中，综合应用地理学科以及跨学科的知识、技能、方法与价值观念，创造性地解决复杂的、不确定性现实问题的关键能力与必备品格。尽管学业质量标准描述了不同素养水平表现的整合表现特征，但这些表现刻画的是学生课程学习后预期的学习结果，而不是具体学习内容或学习过程，难以与日常地理教学的具体内容适切匹配，具有一定的抽象性和概括性，进而导致地理学科核心素养培育面临“虚浮”的困境。

随着基础教育课程改革不断推进，尤其是高考综合改革的深入推进，如何在高考这类大规模标准化的高利害性考试中考查学生的核心素养成为重要议题。2019年教育部教育考试院制定并发布《中国高考评价体系》，其主要内容概括为“一核四层四翼”，通过解决“为什么考、考什么、怎么考”的问题，从高考层面回答了“培养什么人、怎样培养人、为谁培养人”的教育根本问题，为高中一线教育教学改革指明了方向。但是，如何在具体学科教育中落实却缺少较为明确的指向和案例解读示范，这给一线教师深入理解和准确把握带来了严峻的挑战。

教育测量与评价的实质是基于证据的推理过程。首先要清楚测评的复杂知识、技能或者其属性是什么，其次要澄清揭示其建构的学生行为和表现是什么，最后还要明确什么样的任务或者情境能够诱发这些行为。以此视角观之，王勇教授及其团队在地理教育测量与评价方面的研究思路也刚好与此契合，对上述困境和挑战进行了正面回应。

本书从地理教育测量与评价的标准谈起，梳理了地理学科考试评价的发展演变过程，对高考评价体系的案例做了深入解读，并对地理试题与过程性评价做了系统分析。全书通过构建基于地理科学体系的地理素养认知模块体系，结合高考真题，从"考查内容——考什么""考查要求——怎么考"和"考查载体——用什么考"等角度展开深入解读，全方位阐释了高考"价值引领、素养导向、能力为重、知识为基"的理念、策略和落地方式。有助于引导教师建立核心素养与课程教学的内在联系，挖掘地理教学对全面贯彻党的教育方针、落实立德树人根本任务、发展素质教育的独特育人价值，助力地理教师改变教学惯性、更新教育理念、适应教育改革的方向。

地理教育测量与评价是教学改革的"咽喉"，录取制度是教育改革的"牛鼻子"。本书的作者深耕考试评价研究，全书深入探讨核心素养的评价方式与过程，探讨能力意义的命题过程，探讨命题技术与方法，探讨学习与考试的关系，层层递进，娓娓道来。本书的出版将有助于突破"知识本位"囿于，也一定会推动全国高考考试与评价的改革与发展。

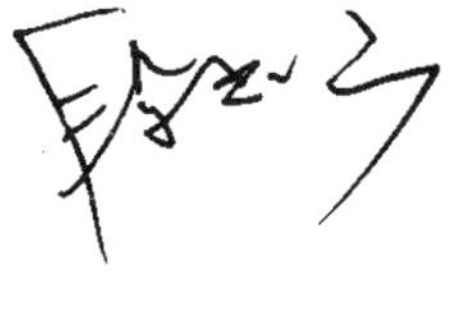

中国教育学会地理教学专业委员会理事长

华东师范大学教授、博士生导师

前言

评价，难；教育评价，更难；正因其难，更凸显了重要性。本书缘起于2020年的春节，当时生活节奏慢了下来，思考深了进去。随着新时代教育改革的推进，基础教育新一轮改革也已开启，新高考家喻户晓。如何理解“新高考”，尤其是地理学的“新高考”，大家有疑惑、有争议，也有探索。教育部教育考试院（教育部原考试中心）适时推出了具有鲜明时代特征的《中国高考评价体系》，为新时代教育测量和评价指出了方向，也为地理教育评价点明了改革重心和聚焦点。在教育部教育考试院史辰羲同志的指导下，我们开始对高考评价体系的地理学部分进行初步解读，力图尽可能准确地理解和阐释高考评价体系“一核四层四翼”的地理学内涵，同时尽最大努力用案例解读来呈现过程性和终结性评价的落实路径。这就成为今天与大家见面的这本小册子的创作初心。

地理学契合新时代评价改革的出发点其实在上一轮改革中既已启动和发端，地理学体现高考评价体系中的守正创新也极为显著。从人地观念、必备知识、关键能力的维度看，地理学教育评价改革一直是先行先试、稳中求进；从理念的落实着手，地理学在过程性评价和终结性评价中都充分发挥了情境、案例、设问的评估价值，以试题为载体的评价充分体现了

"立德树人、服务选才、引导教学"的主要功能。因此,本书选取了最近10年全国高考卷的典型案例,力图尽可能地呈现出高考评价体系在教育测量中的落地策略,为基础教育界地理学教学提供读得懂、读得进、读得精的高考评价体系内涵阐释与案例表达。

本书从梳理20世纪70年代恢复高考制度以来的高考评价指导意见演进出发,说明了高考评价理念和基础教育改革理念的突出变化与更新。对标2020年版基础教育地理课程标准,对高考评价体系地理学的内涵进行细化解读。结合"一核四层四翼"的要求,共选取了30个试题案例,从终结性和过程性评价两个维度解读,以全景式的理解为地理基础教育和教育评价研究者展现我们对新时代高考评价体系的认识与探索。

"事因难能,所以可贵",我们深知自己的理解、表达和研究对于完整、准确、深入地理解高考评价体系仍有较大距离,但我们愿意努力尝试开启这个工作。希望本书能对地理基础教育工作者、高校学科教学地理专业硕士、教育评价改革研究的同行起到"起搏器"的功能和作用,为共同推动地理教育测量与评价做出一点星火贡献。

本书的完成有赖于多方的长期支持。教育部教育考试院张亚南研究员是长期的精神指引者,史辰羲同志是倡导和首发人,兰州大学曾彪教授、厦门市中学地理教研员陈诗吉老师是本书的共同作者,西南大学附属中学李九彬老师、重庆市教育考试院黄瑞同志、西南大学教师教育学院胡蓉副教授、西南大学地理科学学院张远瞩副教授和白莹博士、海南省海口中学向晓晶老师、浙江省镇海中学李佳颖老师、江西师范大学附属中学谭莹老师审读修改了相关章节。书稿的完成得到陶丽华、袁哲、刘春梅、游义、马晓娥、罗瑞琦、雷巧、康晋雯、范天兰、崔舒怡同学在文字修订、图件清绘、审校研讨中的积极帮助,西南大学出版社段小佳编辑的精心指导,西南大学研究生院和西南大学地理科学学院的出版支持。同时,本书也是重庆市专业硕士基地建设项目的成果。

需要特别感谢的同行专家包括但不限于：人民教育出版社高俊昌老师，东北师范大学许嘉巍教授、杨青山教授、袁孝亭教授，华东师范大学段玉山教授、苏小兵副教授，南京师范大学杨山教授、朱雪梅教授，浙江师范大学梁勤欧教授、伍永秋教授，江西师范大学钟业喜教授、丁明军教授，曲阜师范大学于伟教授，福建师范大学刘恭祥副教授，首都师范大学申玉铭教授等。感谢大家的不吝赐教与包容宽待！

“未来已来，唯变不变”。期待在新时代基础教育改革实践中，本书与同行能为地理教育测量与评价改革尽一点微薄之力。

2023年4月

重庆市北碚区天生路2号

目录

第一章

地理教育
测量与评价的标准

1.1 地理课程理念与学习评价体系

《普通高中地理课程标准》是由国家教育行政部门制定和颁发的指导地理教学的纲领性文件，也是地理教材编写、地理教学实施、地理教学质量评价、地理考试检测的依据。它能反映一个国家一定时期内对普通高中地理课程的总设计与基本规范，主要包括地理学科的课程性质、课程理念、课程目标、课程内容和实施建议几个方面。其中，课程理念是地理课程标准中重要的组成部分，它蕴含于课程之中，是教育实践者需要落实到实际教育中的教学信念。《普通高中地理课程标准(2017年版2020年修订)》中指明了四条基本理念，即培养学生必备的地理学科核心素养、构建以地理学科核心素养为主导的地理课程、创新培育地理学科核心素养的学习方式、建立基于地理学科核心素养发展的学习评价体系。

在对高考评价体系进行解读时，应紧密参照《普通高中地理课程标准(修订版)》中“建立基于地理学科核心素养发展的学习评价体系”这一基本理念，即准确把握地理学科核心素养的水平划分，以学业质量标准为依据，形成过程性评价与终结性评价相结合的学习评价体系，科学测评学生的认知水平，以及价值判断能力、思维能力、实践能力等的水平，全面反映学生地理学科核心素养的发展状况。

1.2 地理学科核心素养

2014年3月30日，《教育部关于全面深化课程改革落实立德树人根本任务的意见》(教基二〔2014〕4号)正式下发，对课程改革的深化发展给予了高度关注。文中指出："教育部将组织研究提出各学段学生发展核心素养体系，明确学生应具备的适应终身发展和社会发展需要的必备品格和关键能力。"建构学生发展核心素养总框架是把党的十八大提出的立德树人根本任务落到实处，把《中华人民共和国教育法(2021年修订版)》中指出的德智体美劳全面发展的教育目的细化为学生应形成的必备品格和关键能力的具体要求，最终促进学生的终身发展和社会的健康发展。

为此，核心素养指标的遴选，必须坚持落实党的教育方针和教育目标的有关要求，坚持国际化与本土化相结合，坚持传统与现代相融合。基于第十八届全国心理学学术会议中林崇德发表的《中国学生核心素养研究》，将学生发展核心素养总框架界定为：以"全面发展的人"为核心，从"自主发展、社会参与和文化基础"三个领域培养学生"学会学习、健康生活、责任担当、实践创新、人文底蕴、科学精神"六项核心素养。

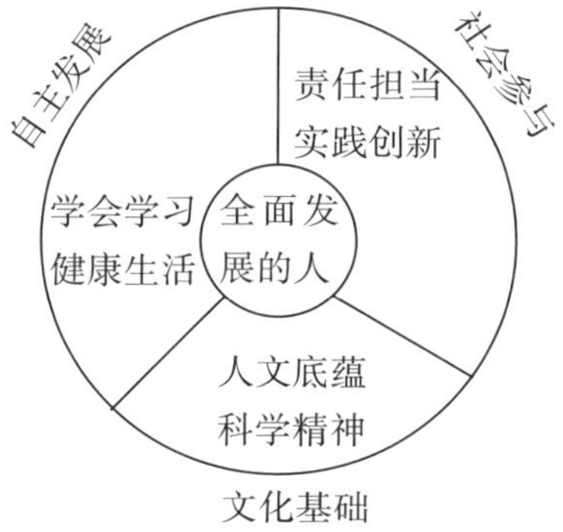

图1-1　中国学生发展核心素养体系总框架

核心素养与各学科相结合是核心素养落实的必经之路。2017年《普通高中地理课程标准》中指出学科核心素养是学科育人价值的集中体现，是学生通过学科学习而逐步形成的正确价值观、必备品格和关键能力。地理学科核心素养主要包括人地协调观、综合思维、区域认知和地理实践力，它们是相互联系的有机整体。

（一）人地协调观

指人们对人类与地理环境之间关系秉持的正确的价值观。人地关系是地理学研究的核心主题。面对不断出现的人口、资源、环境和发展问题，人们越来越深刻地认识到，人类社会要更好地发展，必须尊重自然规律，协调好人类活动与地理环境的关系。“人地协调观”素养有助于人们更好地分析、认识和解决人地关系问题，成为和谐世界的建设者。

（二）综合思维

指人们运用综合的观点认识地理环境的思维方式和能力。人类生存的地理环境是一个综合体，在不同时空组合条件下，地理要素相互作用，综合决定着地理环境的形成和发展。“综合思维”素养有助于人们从整体的角度，全面、系统、动态地分析和认识地理环境，以及它与人类活动的关系。

（三）区域认知

指人们运用空间—区域的观点认识地理环境的思维方式和能力。人类生存的地理环境多种多样，将其划分成不同尺度、不同类型的区域加以认识，是人们认识地理环境复杂性的基本方法。“区域认知”素养有助于人们从区域的角度分析和认识地理环境，以及它与人类活动的关系。

（四）地理实践力

指人们在考察、实验和调查等地理实践活动中所具备的意志品质和行动能力。考察、实验、调查等是地理学重要的研究方法，也是地理课程重要的学习方式。“地理实践力”素养有助于提升人们的行动意识和行动能力，更好地在真实情境中观察和感悟地理环境及其与人类活动的关系，增强社会责任感。

1.3 学业质量水平

1.3.1 学业质量水平划分

地理学科核心素养的评价可以在学业质量水平中得到体现。学业质量是学生在完成本学科课程学习后的学业成就表现,学业质量标准是以本学科核心素养及其表现水平为主要维度,结合课程内容,对学生学业成就表现的总体刻画。依据不同水平学业成就表现的关键特征,学业质量标准明确将学业质量划分为不同水平,并描述了不同水平学习结果的具体表现。高中地理学业质量标准从问题情境、知识和技能、思维方式、实践活动和价值观念等维度进行描述。

地理学业质量水平分为四级。每一级水平主要表现为学生整合不同的地理学科核心素养,在不同复杂程度的情境中运用各种重要概念、思维、方法和观念解决问题的关键特征。水平1至水平4具有由低到高逐渐递进的关系。

表1-1　地理学业质量水平

水平	质量描述
1	(1)在简单、熟悉的情境中，能够辨识地貌、大气、水、土壤、植被等自然地理要素，简单分析其中两个要素的相互作用及其与人类活动的相互影响；能够辨识人口、城乡、产业、文化等人文地理事象的地理特点，简单分析其中两者之间的相互作用及其与自然环境的相互影响。(人地协调观、综合思维) (2)根据提示，能够辨识日常生活区域的某些自然地理要素特征；能够简单辨析日常生活区域内某产业的部分区位因素和特点。(区域认知) (3)借助他人的帮助，能够使用遥感影像等地理信息技术手段和其他地理工具，对地貌、土壤、植被等自然要素和相关自然现象进行初步观察，并设计简单的实验；能够收集人口、城乡、产业、文化等方面的人文地理信息，开展社会调查；能够在地理实践中理解和接受不同的想法，表现出合作的意识、求真的态度与应用知识的能力。(地理实践力)
2	(1)对于给定的简单地理事象，能够简单分析地貌、大气、水、土壤、植被等自然地理要素中多个要素之间的关系，解释地球演化、热力环流、水循环等的时空变化过程，辨识某些自然地理要素与人类活动相互作用的主要方式和结果，能够简单分析人口、城乡、产业、文化等人文地理事象之间，以及它们与自然要素之间的关系，解释人口分布、城乡内部空间结构、城镇化、产业区位等的时空变化过程，结合某国家发展战略，简单分析其地理背景，辨识人类活动影响地理环境的主要方式，以及出现的人地关系问题，说明人地协调发展和走可持续发展之路的必要性。(人地协调观、综合思维) (2)能够归纳某些自然地理要素的空间分布特征，自主辨识给定区域的某些自然要素特征；能够自主辨识给定区域内某产业的区位因素。(区域认知) (3)与他人合作，能够使用遥感影像等地理信息技术手段和其他地理工具，对地貌、土壤、植被等自然要素和相关自然现象，深入观察，并设计实验。能够对人口、城乡、产业、文化等方面的人文地理事象，设计和实施社会调查并能够在地理实践中表现出独立思考的意识、求真求实的科学态度，以及灵活运用知识的能力。(地理实践力)

续表

水平	质量描述
3	(1)对于给定的复杂地理事象,能够说明自然环境对人类活动的影响,分析人类活动对自然环境影响的强度与方式,具备尊重自然规律、科学适应和利用自然的意识。对于给定的区域发展案例,能够说明自然资源、环境满足人们需要的潜力及有限性,分析区域环境治理和保护措施;能够说明资源和环境是影响国家安全的重要因素,理解个人、社会和国家在保护自然资源和环境中应担当的责任。(人地协调观) (2)能够说明地球运动与昼夜更替、四季变化等自然现象的关系,说明岩石、地貌、大气、水的运动与变化规律;能够分析不同区域发展中出现问题的原因,并对解决问题的对策作出解释;能够分析战略性矿产资源、耕地资源、海洋空间资源等与国家安全的关系,说明生态破坏、环境污染等问题产生的原因,并构想解决这些问题的主要途径。(综合思维) (3)能够从空间格局的角度,解释自然环境的整体性与差异性;能够根据不同类型区域的发展条件和现状,分类思考和分析区域发展问题及原因;能够筛选恰当资料,对某区域资源开发和环境保护决策是否合理进行论证。(区域认知) (4)能够与他人合作,设计和实施较复杂的地理模拟实验和考察方案,并独立、熟练地运用地理信息技术分析相关自然地理事象;能够搜寻不同类型区域的统计信息,收集相关区域发展规划,参与区域发展问题的调查;能够查阅相关政策法规文献,尝试运用所学知识,对某区域的资源合理化利用和生态环境保护提出构想;能够在地理实践中主动发现问题、探索问题,保持求真、求实的科学态度。(地理实践力)

续表

水平	质量描述
4	(1)结合现实中的自然环境问题,能够从人地关系系统的角度,分析自然环境对人类活动的影响和作用,归纳人类活动遵循自然规律、与自然和谐相处的必要性和路径;结合现实中的区域发展情境,能够说明区域在开放的条件下,该地自然资源、环境满足人们需要的潜力变化,归纳该类区域不同发展阶段可能遇到的人地关系问题,分析区域特有的环境治理和保护措施;结合区域自然资源开发和环境保护实例,能够从国家安全的高度,理解资源和环境安全对于人地协调发展的重要性,增强国际合作意识,建立和谐发展的观念。(人地协调观) (2)能够运用地球运动规律,解释昼夜更替、四季变化等自然现象产生的原因,从自然环境各要素的物质运动和能量交换的角度,分析岩石、地貌、大气、水的运动与变化规律,以及各要素之间的相互影响;能够在认识某类区域特征的基础上,从促进区域科学发展的角度,对其发展的条件、过程、问题及决策等进行系统的综合分析、评价;能够从全球化的视角,综合分析人类开发利用矿产资源、耕地资源、海洋空间资源等的条件、方式及潜力,以及产生的资源、环境问题对国家安全的影响,并从国际合作的视角理解解决全球性环境问题的重要性。(综合思维) (3)能够运用空间分析方法,解释自然环境的整体性与差异性,并能够分析特定区域的自然地理特征与环境演变过程,评估其发展问题,提出科学决策的依据;能够比较全面地评价区域决策的得与失,并提出较为可行的改进建议;能够收集世界、全国或区域的资源、环境信息,并利用信息解释资源、环境问题及其成因,从维护国家安全的高度尝试提出解决问题的建议。(区域认知) (4)能够独立设计科学的地理模拟实验和考查方案,利用地理信息技术及相关工具、材料,分析与处理相关数据与信息,对地理事象进行科学解释与评价;能够搜寻不同类型区域的统计信息,收集相关区域发展规划,设计区域发展问题的调查方案;能够有针对性地开展野外资源、环境调查,描述某区域存在的资源和环境问题,并结合已有资料,对解决区域资源和环境问题提出建议;能够在地理实践中表现出较强的行动能力。(地理实践力)

1.3.2学业质量水平与考试评价的关系

高中学业质量标准是学业水平考试命题的依据。学业水平考试分为合格性考试和等级性考试。地理学业质量水平2是高中毕业生在本学科应该达到的合格要求，在学业水平合格性考试命题中要重点理解和把握。学业质量水平4是选择地理作为学业水平等级性考试科目的学生应该达到的要求，在学业水平等级性考试命题中要重点理解和把握。学业质量水平1和水平3可作为教学过程中阶段性评价的依据。

1.3.3学业质量水平考试命题建议

（一）理解和把握地理学科核心素养与学业质量标准，制定明确的评价目标

学业水平考试命题的评价目标，应定位在“地理学科核心素养”形成状况的测试与考查上。理解和把握地理学科核心素养与学业质量标准，制定明确的评价目标，是能否有效测试学生地理学科核心素养预期表现的关键。在研制学业水平考试的试题时，要将课程标准中的学业质量标准细化为测试的目标。具体路径是：第一，以学业质量标准为依据，根据所要考查的核心素养表现，选择测试内容，确定具体评价任务；第二，描述学生在特定情境中应达到的具体状态、水平表现，并将其叙写为评价目标。

（二）构建能够科学测评地理学科核心素养发展水平的框架

构建能够科学测评地理学科核心素养发展水平的框架，核心是确定测评地理学科核心素养及其表现水平。除地理学科核心素养这一关键维度外，还应从测试内容、具体任务、试题情境三个方面考虑测试的具体设计。

（1）测试内容：学业水平合格性考试以必修地理1和地理2要求为准，学业水平等级性考试以选择性必修要求为准。要从整体上把握地理学科内容的结构性和关联性，避免从孤立的、过细的知识点角度选择测试内容。

（2）具体任务：确定具体任务时要突出地理思想方法和探究技能的运用。例如，对“地理特征与差异”一类内容的考查，要突出对地理事物和现

象特征的分析与综合、抽象与概括，以及对地理空间格局的观察、概括、归纳等学科思维模式、探究方法与技能的运用；对“地理过程与变化”一类内容的考查，要突出对地理空间动态过程的观察、规律概括与趋势预测等学科思维模式、探究方法与技能的运用。在设计表现水平的具体任务时，要以学业质量标准为依据，以考查学生思维能力、探究方法与技能运用水平为目的，设计具体任务。

(3)试题情境：核心素养应通过学生在应对复杂现实情境时的外在表现加以推断。

在各类“情境”中，包括联系学生日常生活的情境，地理与生产联系的情境，以及地理学术情境。为了评价学生的核心素养，要高度重视复杂、开放性真实问题情境的创设，即把具体任务尽可能放在真实、复杂性的现实情境之中。

复杂、开放性真实问题情境的创设，要拓宽素材来源渠道，而不只局限于学科渠道；材料加工注重“鲜活”，淡化“专业”痕迹；对于学术性情境，注意表达的通俗性，使之向生活化情境转化，既隐含内在学科逻辑，又贴近学生生活；要在分析地理学科核心素养水平表现的基础上创设情境，注意给予必要、充足信息，据此设计明确具体的问题，用于测量不同素养水平学生的表现。选择学科内容—确定要完成的具体任务—对具体任务的完成水平进行描述，是把握测试内容、具体任务和情境的基本路径。当需要考查的测试内容选定之后，要具体说清楚学生在何种复杂程度的问题情境中，运用哪些学科化的思维模式、探究方法与技能，其行为分别能够达到什么样的程度与水平。

(三)提供标准参照的、具有实质内容的结果反馈

提供及时的评价结果反馈，对于激发学生的学习动机，提高学习效果，有显著的影响。地理学业水平合格性考试，应以地理学业质量水平2为依

据，结合具体任务和学科内容，制定等级化的、描述性的评分标准，明确地理教育目标和表现期望，引领学习和教学。地理学业水平等级性考试，应注意以学业质量水平4为依据，结合具体测评任务所构建的等级化的、描述性的评分标准，提供能够反映学生地理学科核心素养表现关键特征的信息，对学生在具体测评任务中展示出的表现与不足之处，下一步的发展方向等予以解释和反馈。

第二章

地理教育测量与评价沿革

2.1 地理学科考试评价的发展演变

考试评价是通过一定的方法或手段，根据一定的教育价值观或课程目标，对教学的要素、过程和结果进行价值判断，为不断完善教学决策提供依据的过程。[①]考试评价作为地理课程中不可或缺的一部分，不仅具有诊断和反馈、激励和强化、评定和选拔功能，而且具有导向功能，是课程目标落实的具体体现。其考查内容演变受各时期高考指导性文件变化的影响，高考考查能力要求在理论指导层面和实际考查层面都经历了一个从主要为低层次能力目标到主要为高层次能力目标的发展过程（表2-1），也反映了地理学科功能和教育价值的延续与深化。

地理课程的不断改革是推动地理高考不断进步的根本动力，地理课程标准（教学大纲）则是高考考试范围与命题的重要依据。“考试大纲”和“考试说明”是不同时期的主要指导性文件。自1978年改革开放以来，我国共颁布了9个中学地理课程标准（教学大纲）。1992年之前教学大纲的主要呈现方式为知识点的罗列，该时期主要以考试作为唯一的方式来评价学生的学业进展状况。1992年教学大纲首次出现了“考试与评估”板块，其中规定“教学评价和成绩核定都应根据本大纲的要求和内容进行”，初步明确了课程评价在教学大纲中的地位，在教学大纲中课程评价由“隐”向“显”转

① 陈澄.新编地理教学论[M].上海:华东师范大学出版社,2007.

变。2001年之后颁布的课程标准取消了“考试与评估”板块，在“实施建议”中设立了“评价建议”。“评价”作为一个重要的模块进入了广大地理教师的视野，课程标准中的评价功能上升到前所未有的高度。按颁布时间顺序（表2-2），地理课程标准（教学大纲）中关于考试评价的表述演变具有以下特点。

表2-1　1978年以来地理高考能力要求的变迁

年份	指导性文件	能力要求
1978—1980	《全国高等学校招生考试复习大纲》	复习大纲的三条要求，不同年份有所修订
1981—1986	《全日制十年制学校中学地理教学大纲（试行草案）》（1978年版和1980年版）	教学大纲中的教学要求和教学内容原则
1987—1991	《全日制中学地理教学大纲》（1986年版）《全日制中学地理教学大纲（修订版）》（1990年版）	教学大纲中的教学要求和教学内容原则
1992—1994 1999—2000	《普通高等学校招生全国统一考试地理科说明》	考试说明中的地理十项能力
2001—2003	《普通高等学校招生全国统一考试说明（文科综合篇）》《普通高等学校招生全国统一考试地理科说明》	文科综合考试说明中的三项能力、地理科考试说明中的地理十项能力
2004—2019	《普通高等学校招生全国统一考试大纲（文科综合篇）》及各地《考试说明》	文科综合考试说明中的四项能力
2020至今	《中国高考评价体系》及《中国高考评价体系说明》	三个方面的关键能力群

表2-2　1978年以来高中地理课程标准（教学大纲）中“评价建议”的内容演变

年份	指导性文件	评价建议（考试与评估）
1978	《全日制十年制学校中学地理教学大纲（试行草案）》	无
1980	《全日制十年制学校中学地理教学大纲（试行草案）》	无
1986	《全日制中学地理教学大纲》	无

续表

年份	指导性文件	评价建议(考试与评估)
1990	《全日制中学地理教学大纲(修订本)》	无
1996	《全日制普通高级中学地理教学大纲(供试验用)》	考试与评估以教学大纲为依据;对学生学业成绩的考查,要注重基础知识的掌握和应用;可采取笔试、口试和作业检查等方式
2000	《全日制普通高级中学地理教学大纲(试验修订版)》	对学业成绩的评价,要关注基础知识的掌握和应用,注重能力的提高以及情感、态度、价值观的形成,考查学生从事野外观测、社会调查等活动的能力。可采取笔试、口试、作业检查、调查报告和小论文检查等方式
2003	《全日制普通高中地理课程标准(实验)》	注重对地理知识的理解、地理技能的形成与应用以及情感、态度、价值观的形成;注重地理科学方法的掌握及探究活动质量的评价;可采取笔试、口试、读图、绘制图表、表现性评价以及自评与互评等形式
2017	《普通高中地理课程标准(2017版)》	地理学科核心素养的提出,注重学生思维结构评价、表现性评价等的运用;将过程性评价与终结性评价相结合,用评价引导学生在地理学习中学会认知、学会思考、学会行动
2020	《普通高中地理课程标准(修订版)》	同2017版

2.1.1 由注重基础知识的掌握和应用向注重能力与素养的培育演变

1996年,教学大纲中要求“对学生学业成绩的考查,要注重基础知识的掌握和应用”;2000年,教学大纲变为“学业成绩的评价,不仅要关注基础知识的掌握和应用，而且要注重能力的提高以及情感、态度、价值观的形成”；2003年，地理课程标准更为系统地明确了“地理学习评价，要在知识与技能评价的基础上，关注对学生价值判断能力、批判性思考能力、社会责任感、人生规划能力形成状况的评价”的要求；2017年，地理课程标准更是将评价的作用提高到“用评价引导学生在地理学习中学会认知、学会思考、学会行动”，充分体现了评价由注重基础知识的掌握和应用向注重能力与素养培育的演变。

在我国教育改革的恢复时期（1978—1990），地理教学围绕学习基础知识、掌握基本技能的“双基”培养目标展开。考试评价作为甄别和选拔人才的工具，主要考查学生地理基础知识的掌握程度和使用地图等基本技能的运用能力。20世纪90年代世界各国的教育改革蓬勃发展，1992年国际地理联合会地理教育委员会颁布了《地理教育国际宪章》。其提出的地理“为今日和未来世界培养活跃而又负责任的公民所必需”“在各个不同级别的教育中都可以成为一门见识广、有活力、有趣味的科目，并有助于人们终身欣赏和认识这个世界”的学科功能和教育价值得到广泛认可。该宪章在关注学生全面发展的同时，突出地理技能和能力的培养，重视情感、态度与价值观的形成。21世纪初，人文主义、后现代主义思潮在全球得到广泛响应，教育更加重视创新发展与人的个性发展。在此影响下，2000年教学大纲强调评价要关注基础知识的掌握、能力的提高以及情感、态度、价值观的形成，并在2003年地理课程标准的课程目标中，明确提出了“知识与技能”“过程与方法”“情感态度与价值观”的“三维目标”。2016年，国际地理联合会地理教育委员会又颁布了最新的《地理教育国际宪章》，宪章中学科核心素养的培育在地理学科的功能和价值中得到了进一步深化：“地理知识和技能，特别是以地理空间技术为中介，为理解现代社会提供了独一无二的机会。这些知识和技能为今日和明天构筑了宝贵的21世纪核心素养”。在国际教育背景的推动下以及为响应我国《教育部关于全面深化课程改革落实立德树人根本任务的意见》(教基二〔2014〕4号)的精神,《普通高中地理课程标准(2017版)》在课程目标的描述上明确了培育“人地协调观”“综合思维”“区域认知”和“地理实践力”四大学科核心素养,既展现了地理学科对学生核心素养独特的延续与贡献,又体现了地理学科独特的育人价值。课程目标由“双基”至“三维目标”再至“学科核心素养”的转变,使得学习评价的内容由“重知识”逐步转向至“重能力”“重素养”,反映了社会发展对地理教育的新诉求。

2.1.2 由以终结性评价为主向过程性评价与终结性评价相结合演变

从表2-2可以看出,教学大纲实行阶段,“笔试、口试、作业检查、调查报告和小论文检查等”作为主流的评价方式,虽然大部分方式可以在平时的教学中进行,但评判学生的成绩还是以终结性考试为主。2003年,《全日制普通高中地理课程标准(实验)》中提出了“教师要关注学生在学习活动中的表现与反应,并给予必要、及时、适当的鼓励性评价和指导性评价,重视学生的自评和互评”。过程性评价逐渐得到重视,《普通高中地理课程标准(2017版)》更是明确提出“要将过程性评价与终结性评价相结合,尝试更多地运用学生思维结构评价、表现性评价等”,使过程性评价被提到了更高的位置。

究其原因,随着课程目标变化,为了更好地契合评价内容由重知识向重能力的转变,评价方式也必须进行改革。在“双基”培养目标下,学习评价的考查内容多为记忆性的地理学科知识,考查方式主要以笔试、口试和作业检查等终结性评价方式为主。随着地理教学不断注重对学生分析问题、解决问题的能力和实践能力的培养,评价方式更加多样。如2000年教学大纲中,学习评价的方式增添了调查报告和小论文检查等形式,强调不仅要考查学生课本学习，还应考查学生从事野外观测、社会调查等活动的能力。虽然评价形式逐渐多样，但未能改变以终结性评价为主的性质。2001年，教育部印发的《基础教育课程改革纲要（试行）》，在课程评价方面强调“建立促进学生全面发展的评价体系。评价不仅要关注学生的学业成绩，而且要发现和发展学生多方面的潜能，了解学生发展中的需求，帮助学生认识自我，建立自信。发挥评价的教育功能，促进学生在原有水平上的发展”。随着课程改革的推进与相关理论的实践，广大学者和一线教育工作者们不断吸收国内外经验，着眼于考查“三维目标”的落实，档案袋评价、观察评价等过程性评价不断发展。而2017年“学科核心素养”的提出，使学习评价更加关注学生的思维能力，增添了思维结构评价、表现性评价等方式。

2.1.3 由单纯关注评价向以评价引导教学演变

长期以来，学习评价将学生的学习成果窄化为纸笔测试即高考所得分值，成为高校选拔和甄别人才的重要依据，如何提升测试的得分成为教师、家长们关注的焦点。2001年颁布的《基础教育课程改革纲要（试行）》强调，新课程改革的具体目标之一是“改变课程评价过分强调甄别、选拔的功能，发挥评价促进学生发展、教师提高和改进教学实践的功能”。面对新时代对人才培养提出的新要求，2003年地理课程标准强调“地理学习评价应发挥其激励与发展功能，使学生从评价中获得成功的体验，激发学习兴趣，积极参与学习活动，提高地理学习水平”。2017年，地理课程标准要求基于地理学科核心素养的形成状况与学业质量标准，制定明确的评价目标，对学生在具体测评任务中展现出的表现与不足之处、下一步的发展方向等予以解释和反馈，以此引领学习和教学。学习评价成为引导学生学会认知、学会思考、学会行动的途径，对地理教育价值体系构建的导向功能、对学生学习的激励和发展功能日益凸显。

2020年《中国高考评价体系》的出台为发挥高考正向积极导向作用提供了坚实的基础。它将国家和高校的选才需求与素质教育育人目标有机联通，是实现“招—考—教—学”全流程各个环节无缝衔接、良性互动的关键。高考评价体系通过创新评价方式、优化评价手段、深化命题实践改革，全面、客观、准确地测量和评价学生的综合素质，为打破“唯分数”的单一评价模式、构建多元评价体系创造条件。在教育功能上，实现了单纯的考试评价向立德树人重要载体和素质教育关键环节的转变。在评价理念上，实现了考试由传统的“知识立意”“能力立意”评价向“素养立意”综合评价的转变。在评价模式上，实现了基于“考查内容”的一维评价模式向“考查内容、考查要求、考查载体”三维一体评价模式的转变。

2.2 高考评价体系的内容

《中国高考评价体系》是根据新时代党的教育方针与国家教育改革相关政策文件构建的、符合素质教育全面发展要求的、用于指导高考内容改革和命题工作的测评体系，主要包括高考的核心功能、考查内容、考查要求和考查载体等。高考评价体系通过解决"为什么考、考什么、怎么考"的问题，从高考层面对"培养什么人、怎样培养人、为谁培养人"这一教育根本问题给出了回答。高考评价体系的科学构建，是从根本上解决教育评价指挥棒问题的重大举措之一，是落实立德树人根本任务、发展素质教育的科学系统，是发挥高考正向积极导向作用的坚实基础和教育公平的强力助推器，同时也是高考内容改革持续深化和教育领域综合改革纵深推进的重要保障。具有中国特色的高考评价体系，要重点把握突出方向性、坚持科学性、反映时代性、体现民族性以及凸显公共性的五个基本原则。

高考评价体系主要由"一核""四层""四翼"三部分内容组成。其中，"一核"为核心功能，即"立德树人、服务选才、引导教学"，是对素质教育中高考核心功能的概括，回答"为什么考"的问题；"四层"为考查内容，即"核心价值、学科素养、关键能力、必备知识"，是素质教育目标在高考中的提炼，回答"考什么"的问题；"四翼"为考查要求，即"基础性、综合性、应用性、创新性"，是素质教育的评价维度在高考中的体现，回答"怎么考"的问题。

这三个部分的内容既突出重点，又有内在联系，形成一个统一的有机整体（图2-1）。同时，高考评价体系还规定了高考的考查载体—情境，以此为考查内容，实现考查要求。

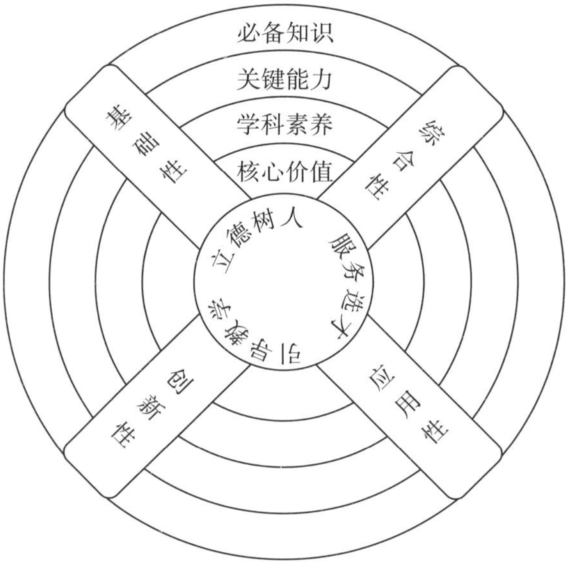

图2-1　中国高考评价体系

2.2.1一核——高考核心功能

面对新时代、新要求，高考必须坚持以习近平新时代中国特色社会主义思想为指导，全面贯彻党的教育方针，落实立德树人根本任务。紧紧围绕“培养什么人、怎样培养人、为谁培养人”这一教育根本问题，全方位、系统化地阐释“为什么考”的问题，明确了高考评价体系“立德树人、服务选才、引导教学”的核心功能。其中，立德树人是教育的根本任务，在教育改革中发挥着统领作用，决定着高考的前行方向和价值取向；服务选才和引导教学既各有侧重又相互关联，是高考落实立德树人根本任务的两个基本手段。“立德树人、服务选才、引导教学”构成整体的功能机制，体现了高考在人才选拔培养中的核心地位和关键作用。三者关系如图2-2所示。

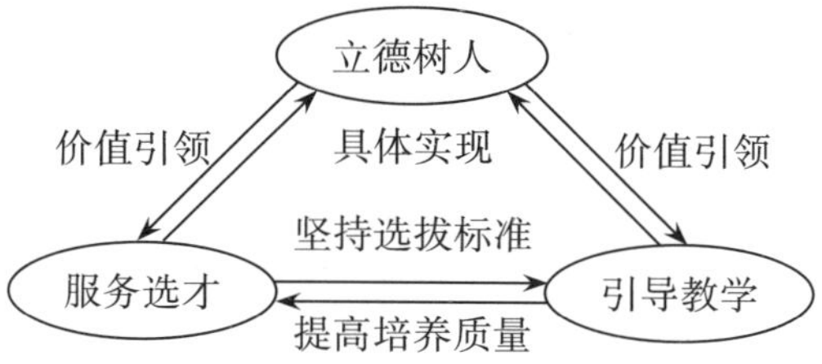

图2-2　高考核心功能的内部关系示意图

首先,立德树人对服务选才和引导教学起到价值引领作用,服务选才和引导教学是立德树人的具体实现。其次,服务选才和引导教学的功能具有共同的基础和内在的关联。服务选才功能坚持科学的选拔标准和选拔方式,通过“以考促学”更好地引导教学,提升基础教育教学质量;引导教学功能充分发挥高考积极的导向作用,推进基础教育改革,更好地培养学生的社会责任感、创新精神和实践能力,使高考选拔出的人才更加符合高校的需求。两者共同作用,促进基础教育和高等教育的协同发展,确保立德树人教育根本任务的落实。

2.2.2四层——高考考查内容

根据高校人才选拔要求和国家课程标准,遵循考试评价的规律,高考评价体系将应考查的素质教育目标凝练为“核心价值、学科素养、关键能力、必备知识”的“四层”考查内容。

(1)核心价值

核心价值是指学生应当具备的良好政治素质、道德品质和科学思想方法的综合,是在各学科中起着价值引领作用的思想观念体系,是其在面对现实的问题情境时应当表现出的正确的情感态度和价值观的综合。核心价值集中反映党的教育方针和立德树人根本任务,体现德智体美劳全面发展的育人目标,在高考评价体系的考查内容中居于首要位置,引领其他三项考查内容。

核心价值主要包括“政治立场和思想观念、世界观和方法论、道德品质和综合素质”3个一级指标和10个二级指标。

表2-3 核心价值指标体系

一级指标	二级指标	指标内涵
政治立场和思想观念	理想信念	学习领会马克思主义，特别是习近平新时代中国特色社会主义思想。树立共产主义远大理想和中国特色社会主义共同理想，增强中国特色社会主义道路自信、理论自信、制度自信、文化自信，立志肩负起实现中华民族伟大复兴中国梦的时代重任
	爱国主义情怀	热爱和拥护中国共产党。认同中华人民共和国，认同中华民族，厚植爱国主义情怀，自觉维护民族团结和国家统一，维护国家尊严与利益。认同中华文化，弘扬中华优秀传统文化，继承革命文化，发展社会主义先进文化
	以人民为中心的思想	理解人民群众是历史的创造者，是决定党和国家前途命运的根本力量。树立为人民服务的思想，立志扎根人民、奉献祖国
	法治意识	树立宪法法律至上、法律面前人人平等的法治理念。理解全面推进依法治国必须坚持党的领导，人民当家作主、依法治国的有机统一。能够尊法学法守法用法，自觉参加社会主义法治国家、法治社会建设。能够依法行使权利、履行义务，维护公平正义，做中国特色社会主义法治的忠实崇尚者、自觉遵守者、坚定捍卫者
世界观和方法论	正确的世界观和方法论	坚持辩证唯物主义，坚持无神论，反对唯心主义。一切从实际出发，实事求是，尊重客观规律。相信科学，尊重事实，追求和传播真理。坚持唯物辩证法，反对形而上学，坚持用联系、发展、矛盾的观点观察和分析问题，善于透过现象看本质。坚持理论联系实际，在实践中检验真理、修正错误。坚持历史唯物主义，反对历史虚无主义。能够运用历史唯物主义的观点、方法观察分析社会历史现象，正确认识社会发展规律，顺应改革发展潮流

续表

一级指标	二级指标	指标内涵
道德品质和综合素质	品德修养	培育并践行社会主义核心价值观，有大爱大德大情怀。遵守社会公德和职业道德，崇尚家庭美德，培育个人品德。理性面对当代社会经济、文化、科技、环境等方面的伦理问题与伦理冲突，自尊自信、意志坚强
	奋斗精神	树立高远志向，认同奋斗成就幸福、奋斗者最幸福的观念。历练不懈奋斗的精神，具有勇于奋斗的精神状态、乐观向上的人生态度，做到刚健有为、自强不息
	责任担当	具有社会责任感，积极承担社会责任、履行义务。具有集体主义精神，以国家利益和集体利益为先。积极维护公共利益，关注并参与人类命运共同体的构建。有序参与社会公共事务，行使人民当家作主的政治权利
	健康情感	具有健康意识，注重增强体质、健全人格、锤炼意志，珍爱生命，热爱生活。具有高雅的审美情趣和良好的审美意识，在生活中能够感受美、鉴赏美、创造美
	劳动精神	崇尚劳动、尊重劳动，认同劳动最光荣、劳动最崇高、劳动最伟大、劳动最美丽的观念。坚持以辛勤劳动、诚实劳动、创造性劳动实现自己的人生价值，愿意为国家富强、社会进步和人民幸福而辛勤工作

(2)学科素养

学科素养是指学生在面对生活实践或学习探索问题情境时，能够在正确的思想价值观念指导下，合理运用科学的思维方法，有效整合学科相关知识，运用学科相关能力，高质量地认识问题、分析问题、解决问题的综合品质。高考中的学科素养融汇国家课程标准中的核心素养要求和高校人才选拔要求中的素养内涵，通过理论逻辑分析与实证调研结果，构建了适合在考试中进行表达和测量的内容，包括“学习掌握、实践探索、思维方法”3个一级指标和9个二级指标。

表2-4 学科素养指标体系

一级指标	二级指标	指标表现
学习掌握	信息获取	适应社会信息化趋势,通过各种方式与渠道获取信息,根据应对问题情境的需要,合理地组织、调动各种相关知识与能力,完成信息获取活动
学习掌握	理解掌握	根据应对问题情境的需要,合理地组织、调动各种相关知识与能力,系统化、多层面、多角度地对新信息进行加工处理,融会贯通地把握新信息的实质,把握新旧信息的联系,形成对新信息的准确判断、分析与评价
	知识整合	根据应对问题情境的需要,合理地组织、调动各种相关知识与能力,对获得的学科知识和相关信息进行概括整合,形成与生活实践或学习探索问题情境对应的产生式系统,能够将新获得的知识纳入已有知识结构或知识体系,对原有的知识结构进行合理的调整
实践探索	研究探索	根据应对新的问题情境的需要,合理地组织、调动各种相关知识与能力,实施调研、探究或实验活动。分析结果,提出新观点或发现新问题,寻求有效的问题解决方法
	操作运用	根据应对问题情境的需要,合理地组织、调动各种相关知识与能力,运用实验等动手操作方法,探究所要解决的生活实践或学习探索情境中的各种问题。综合各种技术方法进行组合创新,将创意或方案转化为有形物品或对已有物品进行改进与优化,创新性地解决现实情境问题
	语言表达	根据应对问题情境的需要,合理地组织、调动各种相关知识与能力,准确传达信息并进行交流沟通。能够根据具体情境的不同,选用口语、书面语等不同语体并灵活转换。熟练运用图像、图表、图片表达思维、观点,借助口语、书面语或绘图等方式表达抽象的概念。灵活运用各种文本形式准确表达个人的情感、思维和观点。能够根据情境需要,运用外语进行交流

续表

一级指标	二级指标	指标表现
思维方法	科学思维	采用严谨求真的、实证性的逻辑思维方式应对各种问题。能够根据对问题情境的分析,运用实证数据分析事物的内部结构和问题的内在联系,以抽象的概念来反映客观事物的本质特征和内在联系。运用抽象与联想,归纳与概括、推演与计算、模型与建模等思维方法来组织、调动相关的知识与能力,解决生活实践或学习探索情境中的各种问题
	人文思维	运用历史的、辩证的、审美的、系统的思维方式应对各种问题。能够根据对问题情境的分析,从多元性、情境性、关联性、层次结构性、动态平衡性、开放性和时序性等方面把握问题与事物的本质。综合运用联想、类比、引申等思维方法,组织、调动相关的知识与能力,解决生活实践或学习探索情境中的各种问题
	创新思维	运用开放性、创新性的思维方式应对问题情境,组织相关的知识与能力,注重独立性、批判性、发散性的思考。综合运用直觉的、顿悟的、灵感的、形象的、逻辑的方法,提出新视角、新观点、新方法、新设想,创新性地解决生活实践或学习探索情境中的各种问题

(3)关键能力

关键能力是指学生在面对与学科相关的生活实践或学习探索问题情境时,高质量地认识问题、分析问题、解决问题所必须具备的能力。关键能力是支撑个体终身发展和适应时代要求的能力,是培育核心价值、发展学科素养所必须具备的能力基础。基于学科素养导向,结合学生认知发展实际,高考评价体系确立了符合考试评价规律的三个方面的关键能力群:一是以认识世界为核心的知识获取能力群;二是以解决实际问题为核心的实践操作能力群;三是涵盖了各种关键思维能力的思维认知能力群。

(4)必备知识

必备知识是指学生在面对与学科相关的生活实践或学习探索问题情境时,高质量地认识问题、分析问题、解决问题所必须具备的知识。它是由人文社会科学和自然科学各学科的基本事实、基本概念、基本技术与基本原理组成的基本知识体系。这一知识体系由陈述性知识和程序性知识构成,是应对情境所必须具备的各种复杂的产生式系统。必备知识与关键能力一样,是学科素养的基础支撑。

作为有机整体,"四层"考查内容之间有着清晰的内在逻辑关系:核心价值位于最上层,是引领其他层次考查内容的总航标,是学科素养、关键能力、必备知识考查中体现出的正确方向、正确价值观、正确方法论、健康的情感态度;学科素养反映核心价值,是在复杂情境中对必备知识和关键能力的综合运用,是关键连接层,承接核心价值的方向引导,统摄关键能力与必备知识;关键能力是以必备知识的学习探究为载体,表现为对必备知识的运用,是支撑和体现学科素养要求的能力表征,是形成学科素养的必要前提;必备知识的积累是形成关键能力和学科素养的基础,在对关键能力和学科素养进行考查时,必然涉及对必备知识的考查。综合上述特征,"四层"考查内容之间的关系结构如图2-3所示。

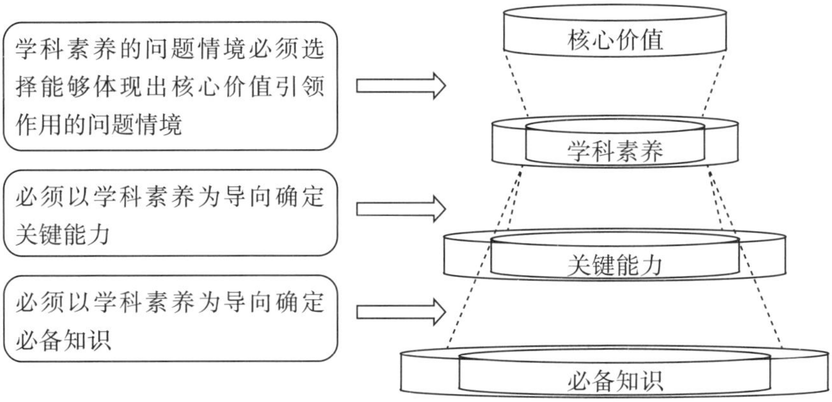

图2-3 "四层"各要素之间的关系

2.2.3四翼——高考考查要求

高考评价体系提出基础性、综合性、应用性、创新性的考查要求，一方面体现了高校对人才选拔的要求，另一方面也体现了素质教育培养目标的要求。

(1)基础性：高考强调基础扎实

基础性包括学科内容的基本性、通用性，以及情境的典型性。它要求以生活实践或学习探索中最基本的问题情境作为任务创设和基本知识能力运用考查的载体，考查对学科基本概念、原理、技能和思维方法的掌握和应用程度。

(2)综合性：高考强调融会贯通

综合性是高考命题的重要要求，不仅针对学科内容，还包括情境的复杂性。从学科内容选择的角度看，综合性要求以多项相互关联的活动组成的复杂情境作为载体，能够反映学科知识、能力内部的整合及其综合运用，体现对学习者知识、能力、素养之间的纵向整合能力，以及综合运用水平的测量与评价。

(3)应用性：高考强调学以致用

应用性是高考命题的显性要求，学以致用是学习的重要目标。应用性要求以贴近时代、贴近社会、贴近生活的生活实践或学习探索问题情境为载体，将陈述性知识与程序性知识的有机整合和运用作为考查目标，设计生产生活中的实际问题，体现对学习者迁移课堂所学内容、理论联系实际水平的测量与评价。

(4)创新性：高考强调创新意识与创新思维

创新性是高考选拔功能的体现。创新性要求创设合理情境，设置新颖的试题呈现方式和设问方式，要求对学习者在新颖或陌生的情境中主动思考，完成开放性或探究性的任务，发现新问题、找到新规律、得出新结论的水平进行测量与评价。

高考评价体系的“四翼”是连接“四层”与高考命题实践的纽带。高考评价体系通过“四翼”实现对“四层”的有效考查，也可通过“四翼”对高考试题质量进行有效评价；因此，“四翼”不仅是评价学生素质高低的基本维度，而且是评价试题质量优劣的基本指标。问题情境作为考查载体，将“四翼”考查要求与“四层”考查内容有机融合，最终实现对考生素质的评价。

2.3 高考评价体系下地理学科的考查内容

高考评价体系确立核心价值、学科素养、关键能力、必备知识为考查内容，突破以往考试所提出的知识和能力框架，丰富了对考查目标的认识。地理学科考试参考高考评价体系框架，依据《地理课程标准》，遵循学生认知规律和学科考试特点，构建“四层”考查内容，其中：核心价值与学科素养是核心，共同指明核心素养的考查方向；关键能力作为构成地理学科核心素养的基本要素，必备知识作为形成地理学科核心素养的基础，决定核心素养的考查深度。①

2.3.1 地理学科核心价值的考查内容

地理学科考查的核心价值主要体现为人们对人类与地理环境之间关系秉持的正确价值观，与课程标准地理学科核心素养“人地协调观”一致。人地关系是地理学研究的核心主题。面对不断出现的人口、资源、环境和发展问题，人们越来越深刻地认识到，人类社会要更好地发展，必须尊重自然规律，协调好人类活动与地理环境的关系。人地协调观可具体表现为尊重自然、与自然和谐相处、因地制宜的意识和可持续发展的观念；保护环

① 史辰羲.论地理学科学业水平考试考查内容构建[J].地理教学，2020(18)：56-59.

境、资源和遵守相关法律、法规的意识;关心和爱护地理环境的行为习惯;文明的生产方式和生活方式等正确的人地协调发展观念。

对核心价值的考查要求考生能够理解人类活动与地理环境之间的相互作用方式及其影响,以及人类活动与地理环境之间的作用方式所反映出的矛盾关系实质和内涵,要求考生通过科学解决人地关系矛盾,树立“人”与“地”协调发展的观念。

2.3.2 地理学科素养的考查内容

地理学科素养与地理课程标准凝练的区域认知、综合思维、地理实践力的核心素养一致,是在复杂情境中对地理学科必备知识和关键能力的综合运用,是对人地协调观核心价值的反映。

(1)区域认知

区域认知指运用空间—区域的观点和方法认识地理环境的思维品质和能力。人类生存的地理环境多种多样,将其划分成不同尺度、不同类型、不同功能的区域加以认识,是人们认识地理环境复杂性的基本方法。区域认知的考查有助于考生从区域的角度,分析和认识地理环境,以及它与人类活动的关系。

区域认知考查要求考生能够以地理视角观察世界,着眼于地理事物和现象背后的空间因素,根据具体空间背景考虑问题。包括空间位置、空间格局、空间联系、空间演变等考查维度。

(2)综合思维

综合思维指运用综合的观点和方法认识地理环境的思维方式和能力。人类生存的地理环境是一个综合体,在不同时空组合条件下,自然和人文要素相互作用,综合决定着地理环境的形成和发展。对综合思维的考查有助于考生从整体的角度,全面、系统、动态地分析和认识地理环境,以及它与人类活动的关系。

综合思维考查要求考生能够用地理思维方式思考，按地理学基本逻辑，从“分解”和“综合”两个维度分析、解决地理问题。

（3）地理实践力

地理实践力指在考察、调查和模拟实验等地理实践活动中所具备的意志品质和行动能力。户外考察、实验、社会调查等是地理学重要的研究方法，也是地理课程重要的学习方式。对地理实践力的考查有助于提升考生的行动意识和行动能力，更好地在真实情境中观察、感悟、理解地理环境及其与人类活动的关系，增强社会责任感。

地理实践力考查要求考生具备地理行动实践能力，在面临需要解决的地理问题时，能够沿着地理视角的引领，遵循地理思维的基本方式，秉持正确的价值观，确定合理的“做事”方向、选择合适的“做事”工具、采用合宜的“做事”方法，形成迅速、高效的“做事”本领及其表达方式。

2.3.3 地理关键能力的考查内容

地理关键能力即获取和解读地理信息、描述和阐释地理事物、论证和探讨地理问题，是以地理必备知识的学习探究为载体，表现为对地理必备知识的运用，是形成地理学科素养的必要前提。三项关键能力贯穿解决地理问题的思维过程，在众多地理学科能力要素之中居于中心位置，具有鲜明的学科特性，构成相互联系的有机整体。

（1）获取和解读地理信息

获取和解读地理信息，即发现地理试题中文字、图表、数据等蕴含的地理信息，从地理试题之中提取有效的地理信息，判断地理信息的重要程度，进而加工地理信息，解读相关地理信息的含义，从而准确、快速、全面地理解并整合所获取的地理信息。获取和解读地理信息是考生地理学科关键能力的形成基础，是考生解答地理问题的起点。试题的图文材料一般含有回答问题的相应信息，但此类信息往往散布于试题之中，并不集中呈现，因此需要考生将试题的关键地理信息提取出来，进而提炼、整合关键地理信息，建立关键地理信息之间的联系，在此基础上对试题所提供的地理信息进行分析、综合、概括、抽象、推理，从而准确、快速、全面地获取地理事物的特征、过程与联系信息。

（2）描述和阐释地理事物

描述地理事物即描述地理事物的特征、过程与联系，阐释地理事物即对地理事物的特征、过程与联系具体说明和解释。描述地理事物的能力主要表现在观察细致、全面，表达准确、简洁；而阐释地理事物的能力则是在准确表达的同时，注重体现分析、综合、演绎、归纳等理性思维的水平。描述和阐释地理事物实际上是指能够通过理性思维过程把握地理事物的特征、过程与联系，并使用简明、准确的地理学科术语予以表述，从而反映考生的地理学科关键能力水平。解释与说明地理现象与问题需要注重地理知识与其他学科知识的结合，运用学科交叉融合的优势，科学地解释地理现象、数据与证据，综合、全面、辩证地认识地理事物的特征、过程与联系。

（3）论证和探讨地理问题

论证和探讨地理问题是引用证据或资料来支持自己或反对他人观点、意见或结论的过程。发现地理问题是论证与探讨地理问题的前提，该项能力首先要求考生从地理学的视角发现具有科学精神与创新意识的地理问题，针对争议提出意见。再结合所学地理知识，对于提出的地理问题做出合理的判断，运用地理原理与规律对相关地理问题进行充分论证或深入探究，从而形成合乎学科逻辑、客观理性的结论。论证和探讨地理问题的过程，要求考生积极调动已有的地理知识与方法，搜集整理与问题观点相一致的论据，整合筛选出回答问题必要的内容要点，并注重分析论据之间的关系，基于论据进行推理论证，并能够运用地理学科术语准确地表述自己所持的问题观点。论证和探讨地理问题是考查地理学科关键能力的重要路径。

2.3.4 地理必备知识的考查内容

根据“从空间看待一切”的地理学的基本思想方法和《地理教育国际宪章》提出的地理学科问题，基于课程和教学的角度，可以概括出地理特征、地理联系和地理过程的地理必备知识（丁继昭、史辰羲，2020）。[①]

（1）地理特征

地理特征反映了地理事物和现象存在的显著征象和标志（袁孝亭、王向东，2006）。[②]首先，对于地理要素来说，找出其显著征象和标志，将这些显著征象和标志综合起来，就是该地理要素的特征，如地形特征、水文特征、人口特征和文化特征等。其次，在一定区域范围内，将自然地理要素的显著征象和标志加以综合，得到该区域的自然地理特征，将人文地理要素的显著征象和标志加以综合，得到该区域的人文地理特征。最后，把某一区域的自然与人文地理特征综合起来，就是区域特征。因此，依据地理特征对必备知识考查时，可以选择地形特征、水文特征和人口特征，以及区域自然特征、区域人文特征（丁继昭、史辰羲，2020）。[③]

（2）地理联系

地理联系反映地理要素、区域、人地之间的相互影响、相互制约和相互作用。其中要素联系是指地理要素之间的相互联系，主要表现在气候与植被、水体与地形、地形与人口、交通与人口之间的联系；区域联系是指地理区域之间的相互联系，主要表现在某两个空间区域之间的能量流、物质流、

① 丁继昭，史辰羲．基于高考评价体系的地理科必备知识考查路径初探[J]．中国考试，2020(06)：14-18.

② 袁孝亭，王向东．中学地理素养教育[M]．北京：高等教育出版社，2005.

③ 丁继昭，史辰羲．基于高考评价体系的地理科必备知识考查路径初探[J]．中国考试，2020(06)：14-18.

信息流及其所产生的影响等;人地关系是指人类与地理环境之间的相互联系,主要表现在地理环境对人类活动的影响、人类活动对地理环境的影响和人类环境与地理环境之间的协调发展等。以地理联系为任务选取必备知识,侧重地理事象之间或地理事象内部诸要素之间相互影响、相互制约和相互作用,在相互关联中认识和理解作为人类家园的世界。因此,依据地理联系对必备知识考查时,可以选择地理要素联系、区域联系、人地关系等。

(3)地理过程

地理过程反映地理事物和现象随时间推移而出现的动态变化过程(袁孝亭、张志孝,1996)[①],主要包括两个方面:一方面,如元素和水分的分布与迁移、物种的分布与迁徙、径流与侵蚀、能量的交换与转化等;另一方面,如交通、人口、文化的传播等。相对于地理事物在空间维度上的横向变化,地理过程强调地理事物在时间维度上的纵向变化。地理事象在空间维度的分布格局和时间维度的动态变化是密不可分的,具体表现为格局影响过程、过程改变格局。因此,依据地理过程对必备知识考查时,可以选择水循环、大气环流、地貌演化等自然地理过程和人口迁移、城市化、文化扩散等人文地理过程知识。

① 袁孝亭,张志孝."地理过程"知识及其教学设计[J].地理教学,1996(01):12-16.

第三章

高考评价体系的案例解读

3.1 核心价值案例解读

“核心价值”是考生应当具备的良好政治素质、道德品质和科学思想方法的综合；是培养拥护中国共产党领导和社会主义制度、立志为中国特色社会主义奋斗终生的建设者和接班人的基本要求；是能够通过学科教育教学和社会实践途径培养、在各学科中起着价值引导作用的最基本最持久的思想观念体系；是面对现实的问题情境时应当表现出来的正确的情感态度和价值观的综合；在素质目标和考查内容中起方向引领作用。

地理学科考查的核心价值主要体现为人们对人类与地理环境之间关系秉持的正确的价值观。人地关系是地理学研究的核心主题。面对不断出现的人口、资源、环境和发展问题，人们越来越深刻地认识到，人类社会要更好地发展，必须尊重自然规律，协调好人类活动与地理环境的关系。

树立尊重自然、与自然和谐相处、因地制宜的意识和可持续发展的观念。

【2018全国Ⅳ卷】

21. 阅读图文资料，完成下列要求。

20世纪70年代以来，我国对图3-1所示区域的水土流失进行了大规模治理，重点实施了退耕还林(草)等生物治理措施。在年降水量大于400毫米的地区，林草植被得到较好恢复。在年降水量小于400毫米的地区(地表1米以下一般存在含水量极低的干土层)，人工连片种植的树木普遍生长不良，树干弯曲，根基不稳，枝叶稀疏，总也长不大，被当地人称为“小老头树”。

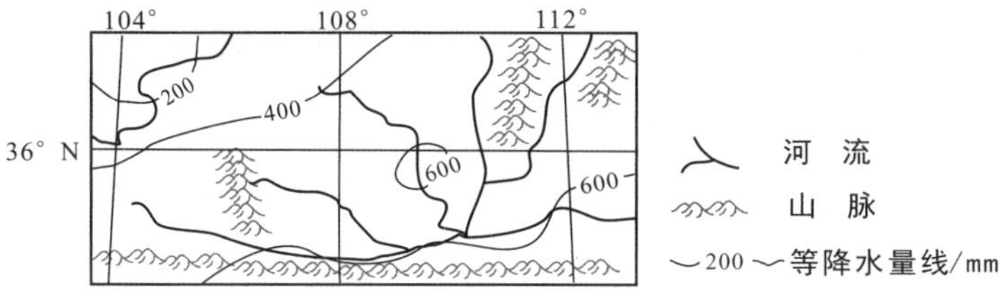

图3-1

(1)分析当地出现“小老头树”的环境条件。

(2)分析在年降水量400毫米以下区域植树造林对生态环境造成的不良结果。

(3)说明“小老头树”现象对于生态建设的启示。

【答案】

(1)降水量少(低于400毫米)，地下水位低，树木生长所需水分不足。地表1米以下存在干土层，影响树木根系发育和下扎。风大，易动摇树木根系。

(2)树木生长不良(形成“小老头树”)。树木(“小老头树”)影响林下草本植物的生长，植被防止水土流失的功能减弱(不利于当地自然植被的恢复)。树木(“小老头树”)会蒸腾更多水分，树木根系吸水会使地下土层更干，导致区域环境更干燥。

(3)在生态建设过程中，应尊重自然规律，因地制宜(宜林则林，宜草则草)。在生态脆弱地区，应减少人工干预。

【说明】

1.考查内容

人类能改造自然,同时也受制于自然。为了生存,人类曾大规模开垦黄土高原地区,但因此引发的水土流失又限制了人类的可持续发展。于是,从20世纪70年代以来,我国在该地区进行了大规模的治理,以期恢复良好的生态环境,体现了我国人民不断寻求与自然和谐相处的主观愿望。

尊重自然是人类改造自然的前提,须以科学认知自然规律为基础,因此试题将考查核心内容聚焦于地理环境各要素之间的交互反馈机制。在"小老头树"连片分布区,存在着植被—水—土壤之间的正反馈环。该地区大气降水较少,渗透进入土壤的水分较少,地下水位较低,易出现干土层;叠加风力强劲,水分蒸发旺盛,支持树木生长的生态需水得不到满足,影响植被形态,导致"小老头树"的出现。在其形成后,森林的蒸散发过程会大量吸收土壤中的水分,引起土壤含水量的减少,地下土层更干,森林根系遇较浅的干土层而无法进一步下扎,导致根基不稳;林下草本植物在与乔木在水分竞争中处于劣势,生长被抑制,防止水土流失的功能减弱;水分条件制约了树木组织的充分发育,最终导致人工连片种植的树木更易形成"小老头树",区域的干旱化特征更加突出。通过这个正反馈环,该区域的水土流失现象得不到有效治理,与人工干预的初衷相悖。

试题突出呈现了植树造林与水土流失治理之间复杂的非线性关系。以400毫米等降水量线为界,同样的退耕还林措施产生了不同后果,半湿润地区的林草植被得到较好恢复,半干旱地区出现了连片的"小老头树",这说明400毫米是黄土高原地区植树造林的降水量阈值。人类干预突破了该阈值,随着时间推移,半干旱地区植树造林的生态防护效应便逐步减弱。以此警示,人类改造自然时要树立因地制宜的意识,以自然环境本身的阈值和承载限度为依据,在没有进行长期、系统、全面、动态的科学研究之前,开展大规模的人类干预活动是有风险的。

2.考查要求

试题以黄土高原地区不同地域实施退耕还林(草)等生物治理措施的生态效益差异为案例,要求考生关注不同区域水分条件差异,探究植被生长与地理环境的相互影响,并由此获得生态建设的启示,侧重基础性、综合性和应用性的考查。

试题要求考生掌握水土流失、年降水量、土壤水分等基本概念。在此基础上,要求考生具备从图文资料获取和解读地理信息的能力,理解降水、地下水、土壤、植被之间的交互反馈机制,从区域对比、要素综合、过程耦合等角度思考问题,树立在生态建设中应该秉持因地制宜的价值观。

自然环境具有整体性,“小老头树”是自然地理要素综合作用的结果,也会影响自然地理环境的演化。在分析“小老头树”出现的环境条件时,要求考生能够从文字材料、经纬度位置、地形、等降水量线等信息中解读当地的土壤、地貌、降水、风等地理要素基本特征,匹配森林生长所需条件进行多要素分析。在分析“小老头树”对地理环境的影响时,要求考生动态分析人类活动对植被—水—土壤系统的影响,当人类采取较大强度的干预活动时,牵一发而动全身,系统内部各要素通过正反馈环,产生新的不良环境效应,也会逐渐改变地理环境的整体特征。最后,要求考生利用区域认知的学科素养,对比不同水分条件下林草的生长状况及环境效益,得出因地制宜的结论。

试题要求考生通过分析图文材料探究“小老头树”的生长环境条件及其生态效应,总结出具有实践指导意义的生态建设启示。启发考生运用普遍性的原理分析不同地域特殊地理现象的成因,从中吸取经验教训,坚持因地制宜,感悟人地协调观,体现地理学服务和指导社会经济建设的功能。

3.考查载体

试题以我国某区域通过退耕还林(草)等生物措施大规模治理水土流

失为背景创设学习探索情境。通过地图中的等降水量线呈现该区域的降水空间格局，以文字材料中的400毫米等降水量线为界进行了地域划分，并用括号补充说明半干旱区的土壤特征，引导考生思考植被—水—土壤系统的交互反馈机制。试题用“较好恢复”“普遍生长不良”等语句，在对比中传递了价值判断。试题的问题链聚焦半干旱地区“小老头树”出现的环境条件和产生的不良影响，并引导学生在反思后提出生态建设中应秉持的正确行为方式和价值观念，潜移默化中体现了地理学科的育人价值。

增强保护环境、资源和遵守相关法律、法规的意识。

【2018全国Ⅱ卷】

44.[地理——选修6：环境保护]

素有“华北之肾”之称的白洋淀具有重要的生态服务价值。白洋淀分布广泛的芦苇，曾是当地居民收入的重要支撑。但前些年由于其经济价值减弱，居民管护芦苇的积极性下降，大量芦苇弃收，出现了芦苇倒伏水中的现象。雄安新区设立后，管委会全面贯彻习近平总书记关于“建设雄安新区，一定要把白洋淀修复好、保护好”的指示精神，高度重视白洋淀的生态环境保护，积极推行芦苇的资源化综合利用，大大提高了当地居民管护、收割芦苇的积极性。

(1)指出芦苇对白洋淀生态功能的作用。

(2)说明当地居民积极管护、收割芦苇对白洋淀生态环境保护的意义。

【答案】

(1)吸收水体和淤泥中的营养物质，减缓水体富营养化进程；吸收污染物(重金属等)，起到净化水体、稳定水体自净能力的作用，提高水环境质量；为鸟类等多种动物提供栖息地，维护生物多样性。

(2)管护好芦苇,可维持芦苇对白洋淀水体的净化功能,利于改良水质,提高白洋淀生态环境质量;收割芦苇,能减少芦苇倒伏、腐烂数量。

【说明】

1.考查内容

环境不仅是人类生存的空间,也提供了人类生存和发展的物质来源。人类社会的诸多活动必须依托环境中的相关资源。合理利用资源即是一种保护环境的行为,而保护环境也必是一个资源合理利用的过程。增强保护环境和资源的意识,对自然资源取之有度,用之有计,才能达到人与自然、经济社会发展相互和谐的状态。

雄安新区建设是我国“千年大计、国家大事”的新城计划,倡导新型的城市化理念,致力于打造优美生态环境,构建蓝绿交织、清新明亮、水城共融的生态城市。白洋淀生态环境修复以及对芦苇的管护和治理工作,较好地体现了在城市建设过程中,以保护环境、珍惜资源为出发点建设新型绿色、生态城市的理念。以此为试题材料,为考生认识和思考新时代背景下城市建设中就如何处理好环境、资源以及人类活动之间的关系提供了典型案例。

白洋淀是雄安新区所在的华北平原最大的淡水湖泊和湿地生态系统。白洋淀综合治理和保护是雄安新区工作的着力点之一。芦苇作为白洋淀湿地生态系统的核心,对白洋淀水体净化、生态环境及生态系统的维系起着关键作用。①在国家方针政策的引领下白洋淀居民采取保护性开发策略,积极推行芦苇的资源化综合利用措施,如利用芦苇作为生物质燃料参与垃圾焚烧发电,在提升芦苇经济效益的同时,实现了保护白洋淀生态的目的。一方面,当地居民通过收割芦苇,可以大大减少芦苇腐烂在水中的数量,使芦苇倒伏、分解不至于污染水体;另一方面,当地居民积极管护芦

① 高长安.芦苇资源化利用保护白洋淀湿地生态[N].中国科学报,2019-12-03(007).

苇可以促进芦苇健康生长、维持甚至扩大芦苇的面积和数量，进而增强芦苇净化水体的功能，起到保护白洋淀生态环境的作用。对芦苇价值的认知转变以及采取积极的管护措施，较好地体现了人、芦苇、白洋淀三者之间的和谐共生关系。

2.考查要求

试题通过考查考生对湿地的认识以及人类活动与湿地环境之间的相互关系，落实了基础性、综合性的要求。

试题主要考查湿地植物的生态作用及其保护措施相关知识。考生需要掌握湿地的基本概念，依据“华北之肾”和“淀”等文字信息，准确推断白洋淀是华北地区的重要湿地。在此基础上，考生需要进一步提取湿地分类、湿地功能的基础知识，如水体净化以及生物多样性保护展开分析。

试题要求考生准确把握芦苇这一水生植物所具有的环境意义和作用，从而明确芦苇得到管护之后，芦苇的生态保护功能增强。同时，考生需要从试题材料中准确解读“大量芦苇弃收，出现了芦苇倒伏水中的现象”这一信息，结合所学知识进行合理推断，芦苇的管护能避免大量残体进入白洋淀中，有效防止湿地淤积萎缩、水质恶化。试题通过分析积极的人类活动对环境影响，要求考生体悟追求人地协调是人类活动的积极反思和主动采取符合自然规律的行为。

3.考查载体

试题以白洋淀生态环境保护为背景，以白洋淀区域内芦苇这一水生植物为载体，按照人们对芦苇从注重经济价值到生态价值的认知转变过程而呈现的学习探索类情境。从“白洋淀芦苇”这个较小的角度着手，以时间为轴线，试题详细阐述了在不同阶段，白洋淀区域内的居民对芦苇采取的两种不同行为方式所表现出的不同环境效应。在人类片面追求经济增长和人类不合理活动的长期影响下，人们认识不到或者不承认环境本身所具有的价值。而白洋淀芦苇问题的治理是在生态文明理念下兼顾经济与生态价值的主动作为，也是不同领域响应和自觉顺应国家发展新战略和新思想的具体体现。

养成关心和爱护地理环境的行为习惯，形成文明的生产方式和生活方式。

【2014海南卷】

26. 环境保护

图3-2示意的农业区是新疆重要的农业生产基地之一。1990年至2010年，该农业区耕地面积不断扩大。

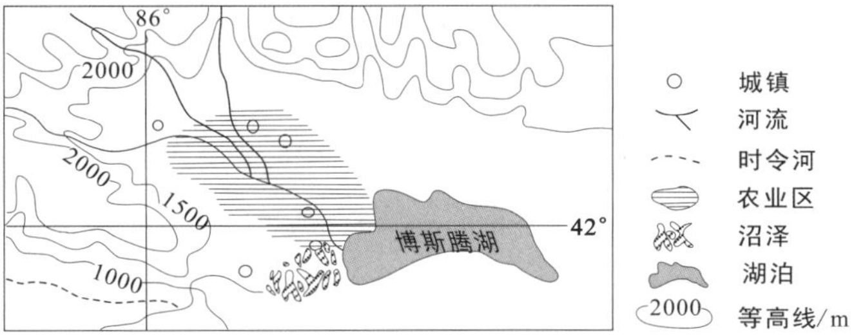

图3-2

分析该农业区耕地面积扩大带来的环境问题，并提出应对措施。

【答案】

环境问题：（该区域地处内陆，气候干旱）耕地面积增加会加大灌溉用水量，（河流流量大减）加剧水资源短缺；入湖水量减少，湿地萎缩；（灌溉用水量加大，导致）地下水位上升，引起土壤次生盐渍化。

应对措施：限制开荒面积；节约水资源（提高水资源利用效率）；发展节水型农业。

【说明】

1.考查内容

人地关系是人类与地理环境的关系,它是客观存在的。人类的生存或活动,要受一定的地理环境的影响。同时,人类活动已经影响到整个地理环境,表现出不同的方式、强度,产生了不同的结果。这种影响既有消极的,也有积极的。

试题以分析该农业区耕地面积扩大带来的环境问题为切入点,引导考生理解农业生产方式演进的意义,提高保护环境、节约资源的意识。图示农业区位于我国新疆境内,结合图示经纬度及博斯腾湖的注记等信息可知,该区域的环境特征是深居亚欧大陆腹地,远离海洋,降水稀少,因此农业区主要分布在河流入湖口和河流沿岸,农业以引河水灌溉为主。20世纪末到21世纪初,大规模发展农业在带来经济效益和社会效益的同时,环境问题也日趋严重。不合理地扩大耕地面积、过度引水灌溉、滥用化肥以及不合理排污等一系列不文明的生产方式,导致博斯腾湖以及该区域环境恶化。对于旱区过量引水灌溉引发的环境问题的治理,人们有着成熟的经验和做法,其中包括减少灌区河流引水量,减轻土壤盐渍化,控制灌区农田排水入湖盐量;湖滨湿地生境退化区实施湿地恢复和生物多样性保护工程,提高湖泊自净能力和生境质量等。

2.考查要求

本试题通过考查农业生产活动与自然环境之间的关系,要求考生分析博斯腾湖农业生产发展过程中,不文明、不合理的生产方式带来的环境问题并提出对策,落实基础性、综合性、应用性的考查要求。

分析“农业区耕地面积扩大带来的环境问题”要求考生掌握农业区位条件、环境问题与可持续发展的基础知识,结合农业生产活动与自然环境之间相互关系,提取湖泊水量平衡、土壤的物质迁移等相关知识。针对由此带来的环境问题“提出应对措施”，要求考生提取可持续发展、因地制宜的基础知识，明确转变不文明农业生产方式的方向。

试题要求考生具备从地图中获取地理信息的能力，准确识别农业区与河流、湖泊以及湿地的空间位置关系。在此基础上，要求考生明确农业区耕地面积扩大对其相邻区域的地理要素会产生的影响，考生需要依据各地理事物之间的空间位置关系，农业生产、水、土壤之间的关系进行综合分析。同时，农业区耕地面积不断扩大超过资源环境承载力，带来一系列环境问题是人类活动的表现之一，提出应对措施要求考生精准对接主要环境问题提出对应的解决措施。

不断扩大耕地面积曾一度是我国西北干旱区乃至全国普遍存在的问题，试题从问题出发，落脚在提出解决措施，意在引导学生关注和思考社会生产力进步条件下生产方式变化和演进的意义。

3.考查载体

试题以精炼的文字信息呈现在20世纪末21世纪初，博斯腾湖周边区域耕地面积不断扩大的这一现实背景，以完整、直观的地图信息为载体，创设出有关农业生产的生活实践类情境。试题主要通过地图来展现农业区的分布位置及特征，设问紧紧围绕农业发展带来的环境问题和提出解决对策两方面进行设置。通过对具体案例的深入探究引导考生实现从“解题”到“解决问题”的思考转变。

3.2 学科素养评价案例解读

“学科素养”是考生面对复杂问题情境时，能够在正确的思想价值观念指导下，合理地运用科学的思维方式与方法，有效地组织整合学科的相关知识，灵活地调用学科的相关能力，高质量地认识问题、分析问题、解决问题的综合品质。它是融会国家课程标准中的核心素养要求和高校人才选拔要求中的素养内涵，科学构建出的更易于在考试评价中表达的指标体系。它是考查内容的关键链接层，承接核心价值的方向引导，统摄关键能力与必备知识。它在素质目标和考查内容中起导向作用。

地理学科考查的学科素养包括区域认知、综合思维、地理实践力。

3.2.1 区域认知

区域认知指运用空间—区域的观点和方法认识地理环境的思维品质和能力。人类生存的地理环境多种多样，将其划分成不同尺度、不同类型、不同功能的区域加以认识，是人们认识地理环境复杂性的基本方法。区域认知的考查有助于考生从区域的角度分析和认识地理环境以及它与人类活动的关系。

区域认知的考查要求是考生能够以地理视角观察世界，着眼于地理事物和现象背后的空间因素，根据具体空间背景考虑问题。其考查维度包括空间位置、空间格局、空间联系、空间演变等。例如：

能够从方位、距离和邻接关系等角度，认识地理事物和现象与参照物间的空间位置关系；能够从位置与热量、水分等之间关联性的角度，审视区域自然特征、过程与规律；能够从位置与具有国际（或区际）意义的经济中心、交通中心、信息中心等之间关联性的角度，审视区域人文地理特征、过程与规律。

能够从地理事物和现象的规模、形状、数量、类型、空间排列与组织形式等角度，辨识和概括空间格局的特征与规律。

【2019全国Ⅲ卷】

36. 阅读图文材料，完成下列要求。

德国鲁尔区曾是以煤炭、钢铁产业为主的传统工业区，经过综合整治，经济由衰落走向繁荣，环境污染严重的局面得到根本改善。目前，该区有500多万人口，50多座城市，老龄人口比重高居德国之首。该区医疗保健业发达，拥有100多家医院、近万名医生及数以千计的保健站、药店等。波鸿市人口近40万，是重要的生物制药基地，多所大学的医学研究处于世界领先水平。2009年，鲁尔区医疗保健中心落户波鸿市，并新建保健园。图3-3示意鲁尔区的城市建成区和波鸿市的位置，图3-4示意鲁尔大学、生物制药科学园和保健园在波鸿市的位置。

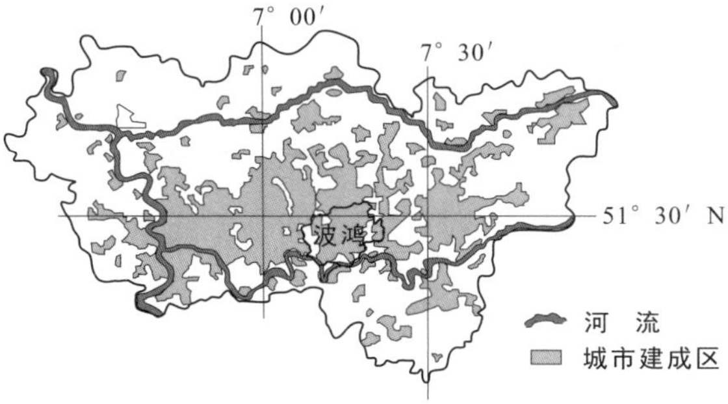

图3-3

图3-4

(1)概括鲁尔区城市的等级规模和空间分布特征。

(2)分析鲁尔区医疗保健业发达的原因。

(3)说明在波鸿市建设鲁尔区医疗保健中心的优势条件。

(4)指出波鸿市保健园选址的合理性。

【答案】

(1)城市数量多,规模小,主要以中小城市为主;城市建成区连片,城市间距离近。

(2)鲁尔区是德国也是世界重要的工业区,经济发达,医学研究水平高;曾经环境污染严重,健康问题多,对医疗保健需求高;老龄人口比重大,对医疗保健需求大。

(3)有多所大学(高等院校),医学科研力量雄厚;有生物制药科学园,医药研制水平高;位置适中,有利于医疗保健和医学研究、医药生产间的联系和相互促进。

(4)保健园靠近生物制药科学园和鲁尔大学,可提供知识和技术支撑;位于城市边缘,环境较优,安静。

【说明】

1.考查内容

区域性是地理学的显著特性。人类生存的地理环境多种多样,将其划分成不同尺度、不同类型、不同功能的区域加以认识,是人们认识地理环境复杂性的基本方法。

在区域认知中,区域所处的空间位置以及空间格局的特征与规律是区域认知的主要内容。空间格局是指地理事物在空间上的分布及组合关系。以城市为例,在空间排列与组织形式方面,主要有两类,一是按区域间的城市空间组织,如具有辐射功能的中心地组织形式;二是按城市内部的空间组织,比如有同心圆、扇形、多核等组织模式。

鲁尔工业区曾是世界重要的工业区，位于德国西部、莱茵河下游支流鲁尔河与利珀河之间。目前，鲁尔区有500多万人口，50多座城市，鲁尔区空间格局的特征与规律主要表现为城市规模以中小城市为主；鲁尔区城市建成区分布密集，呈现集中连片的空间组织形式，城市与城市之间的距离较近。

试题紧紧围绕“鲁尔区”“鲁尔区的波鸿市”“波鸿市的保健园”三个不同的空间尺度展开，自上而下层层聚焦，清晰完整地呈现了鲁尔区城市空间格局、波鸿市、波鸿市保健园的空间位置。“鲁尔区”的“空间位置”优势体现在其位于德国传统重工业地域范围内，区域居民经济基础好，有较大的健康保健需求；“波鸿市”的“空间位置”优势表现为在鲁尔区的城市空间分布中，波鸿市位于德国鲁尔区的中心，适中位置，方便地域联系。“保健园”与波鸿市、鲁尔大学、生物制药科学园等相关参照物之间的方位、距离和邻接关系，突出了其在空间位置上的独特优势。试题对城市空间布局的考查，体现了区域内地理要素的布局，尤其是城市建设空间布局是人类主动思考区域要素组合并科学设计的行为结果。

2.考查要求

试题以鲁尔工业区产业转型升级为案例，要求考生关注鲁尔区发展医疗保健业的转型方向，探究鲁尔区城市的等级规模和空间分布特征，波鸿市、波鸿市保健园的区位优势，侧重落实基础性、综合性的考查要求。

试题要求考生掌握城市功能分区和空间结构、区域产业发展的因素以及产业区位因素的选择等基础知识。同时，要求考生具备从文字、地图中获取地理信息的能力，理解鲁尔区城市群发展特点，鲁尔区、波鸿市、保健园在空间位置上的独特优势。从城市群的城市数量、规模、密集程度等方面理解城市等级规模和空间分布特征，以医疗保健业发展为主线，要求考生关注鲁尔区、波鸿市发展医疗保健业发展的区位条件。

区域产业发展受市场、技术、政策等因素的影响，医疗保健业是在鲁尔区这一特定区域下发展的新方向，具有其独特的区位因素，试题要求考生运用空间—区域的观点准确认识德国鲁尔区的发展现状、方向及优势，理解鲁尔区城市规模和空间组织形式是历史基础、产业发展作用的结果。对在波鸿市建设鲁尔区医疗保健中心的优势条件分析，要求考生从文字材料、鲁尔区城市群空间分布图、波鸿市城市功能分区图中解读波鸿市所具有的位置、技术优势，结合医疗保健产业特点进行综合分析。在指出波鸿市保健园选址的合理性时，要求考生读图获取波鸿市城市内部功能分区的信息，依据所学知识综合考虑影响医疗保健园选址的环境条件和技术条件，从而将波鸿市保健园的空间位置与环境、技术条件进行匹配。从德国鲁尔区转型升级发展医疗保健业、波鸿市建设医疗保健中心到保健园选址，都要求考生从具体的区域条件出发，从区位优势、布局合理性等角度思考问题，审视人文地理要素布局的区域条件。

3.考查载体

本题以文字材料和示意图的形式呈现了鲁尔区发展历程、城市人口及城市布局，鲁尔区内波鸿市空间位置和城市内部结构，为考生理解和回答问题提供翔实材料的同时，按照地理学科逻辑创设了全景型学习探索情境。丰富、完整的地理信息规避了考生对鲁尔区城市群、波鸿市的环境较为陌生的这一现实问题，考生可以结合试题的图文信息，获取和解读出有效的地理信息，从而建立对区位要素和区位条件的基本认识。试题设问把德国鲁尔区这一区域按照城市空间关系划分不同空间尺度加以认识，把波鸿市、保健园小尺度空间嵌套于鲁尔区这一地区大尺度空间中进行考查，呈现出从大尺度空间向小尺度空间层层聚焦的特征。引导学生从不同空间尺度来认识人文地理要素的区域变化，感知到较小尺度的地理事物受较大尺度地理环境影响的同时也保持自身的特殊性。

能够从地理要素之间的物质迁移、能量交换和信息传递的角度，观察与思考相应的地理事物和现象的因果联系、区际联系与人地关系。

能够从同一地理过程的时段划分，以及不同地理过程的驱动力分析、标志性特征辨识、地理意义概括等角度，观察与认识具体地理事物和现象的空间演变问题。同一地理过程在不同的时段上表现出不同的地理特征，不同的地理过程在不同的时段受到不同的驱动力。不同的驱动力会形成不同的地理过程，同一地理过程在不同时段其地理表征和地理意义也不尽相同。

【2019全国Ⅰ卷】

37. 阅读图文材料，完成下列要求。

随着非洲板块及印度洋板块北移，地中海不断萎缩，里海从地中海分离。有学者研究表明，末次冰期晚期气候转暖，里海一度为淡水湖。当气候进一步转暖，里海北方的大陆冰川大幅消退后，其补给类型发生变化，里海演化为咸水湖，但目前湖水盐度远小于地中海的盐度。图3-5示意里海所在区域的自然地理环境。

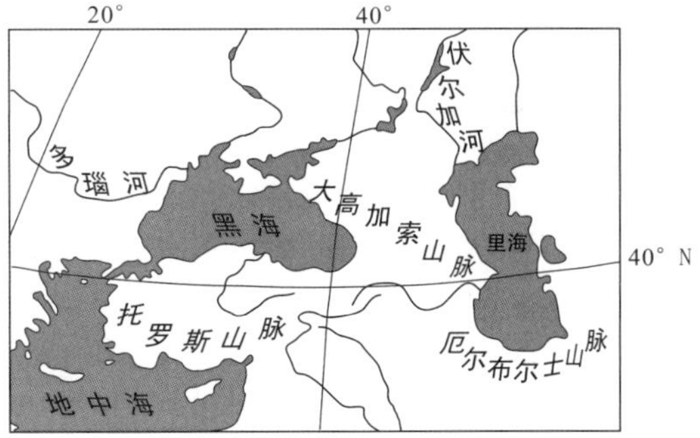

图3-5

(1)板块运动导致的山脉隆起改变了区域的地貌、水文和气候特征,分析这些特征的变化对里海的影响。

(2)末次冰期晚期里海一度为淡水湖,对此作出合理解释。

(3)分析补给类型发生变化后里海演化为咸水湖的原因。

(4)指出黑海、地中海未来演化为湖泊的必要条件。

【答案】

(1)山脉隆起,里海与海洋分离,形成湖泊(湖盆)。山脉隆起,导致里海汇水面积缩小,湖泊来水量减少,湖泊面积缩小。山脉隆起,阻挡湿润气流,导致干旱,推动湖泊向内陆湖演化。

(2)气温仍较低,湖面蒸发弱;受冰雪融水补给;补给大于蒸发。

(3)有河流汇入,带来盐分;无出水口,盐分无法排出;地处内陆,蒸发强烈,导致盐度升高。

(4)非洲板块及印度洋板块(继续)北移(或板块运动趋势不变)。

【说明】

1.考查内容

地理要素之间的物质迁移、能量交换是通过地球各圈层的循环实现的,包括水循环、生物循环、大气循环等。里海的形成是全球海陆分布时空演变的一个案例。试题通过将里海的演化过程分为三个时间段,呈现了湖泊演化的完整过程。试题通过引导考生思考里海演化过程中不同地理要素的因果联系以及冰川覆盖区与湖泊的区域联系,从而培养其区域认知能力。

从中生代开始,随着非洲板块及印度洋板块北移,地中海不断萎缩,里海从地中海分离独立成湖。在这一时段的演化中,构造运动是里海区域水系演化和湖盆形成的驱动力。末次冰期晚期里海一度为淡水湖。湖水补给与蒸发共同作用在这一过程中扮演了重要的作用。末次冰期累积的冰川在晚期快速消融，注入湖泊的淡水量大增。与此同时，里海流域纬度较高，气温较低，湖面蒸发弱。在两者的综合作用下导致湖泊淡水补给大于蒸发，湖泊水量增加，盐度下降。气候变化是这一阶段湖泊演化的主要驱动力。现代里海的特征如盐度是最近地质历史时期地壳、湖泊、地形、气候等自然地理要素的综合作用的结果。河流从流域内为湖泊带来盐分，气候进一步转暖使得湖泊蒸发强烈，盐分累积，再加之里海此时已为内陆湖泊，盐分无法排出，盐度升高，湖泊演化为咸水湖。气候变化在该时段依然是主导的驱动力。

构造运动和气候变化作为两种不同的驱动力在不同的地理时段产生了不同的地理过程，就气候变化这单一驱动力而言，在不同时段的地理过程中也产生了不同的地理特征。目前的区域特征只是自然地理过程的阶段性表现，是不同地理过程驱动力的差异体现，是海陆分布不断变化中地貌、水文和气候等地理要素之间相互作用的结果。

2.考查要求

试题按时间顺序呈现里海演化的完整过程，要求考生深刻把握同一地理情景不同时间尺度下的区域联系（褶皱山地对湖泊的影响）和区域过程（里海盐度变化阶段）。试题综合性强，需要考生具有要素综合、空间综合与时间综合能力，落实了基础性、综合性、创新性的考查要求。

分析板块运动导致的构造抬升对该区域的地貌、水文和气候特征的影响，考生需熟悉板块运动、湖泊、内陆湖和干旱化等基本概念，当褶皱山脉隆起至较高时，阻挡湿润的西风，里海区域逐渐形成较为干旱的气候特征。考生结合内力作用对地表形态的塑造的基本过程，对材料背景中非洲板块和印度洋板块北移，与亚欧板块碰撞，形成大高加索山脉等，里海从古地中海分离过程可以形成清晰的认识。

末次冰期晚期里海盐度存在过两个演变阶段。里海盐度对气候变化的具体响应，表现为在不同的时间尺度下，呈现出不同的区域要素特征。

里海盐度在末次冰期这一较短时间尺度下的动态变化过程分析需要考生综合湖泊补给和蒸发条件进行。末次冰期冰消初期,热量的增加导致冰川融化,由此带来的冰川融水补给是此时里海湖水补给的主要源泉;由于地处较高纬度,温度较低,蒸发弱,故成为淡水湖。但当气候进一步转暖,大陆冰川大幅消退后,里海的补给类型由冰川融水补给为主转化为以降水补给为主,这使得里海维持淡水湖状态的水量平衡被打破。多条河流汇入带来盐分,气候进一步转暖以及里海地处内陆使得蒸发强烈,盐度增加,再加之无出水口,盐分无法排出,所以里海最终演化为咸水湖。这一演化序列的分析要求考生有较强的要素、空间综合能力,并在回答过程中理解不同时间尺度的要素耦合。

探讨黑海和地中海未来演变成湖泊在于培养学生在掌握科学研究范式的基础上进行合理的推导。本题的外推逻辑是基于里海湖泊演变的过程分析得出,这种思维方式属于科学研究范式之一。里海的形成和演化过程是板块运动过程的结果。如果板块运动趋势不变,非洲板块及印度洋板块(继续)北移,黑海和地中海可能陆续成湖。本题要求学生进行灵活尺度转换、结合材料背景进行科学推测和设想并论证,落实了创新性的考查要求。

3.考查载体

试题采用科学研究范式作为学习探索情景的创设载体。首先从地质历史时间尺度呈现了区域地理环境演变。随后,聚焦于末次冰期晚期较短时间尺度下气候变暖所导致的里海盐度阶段性变化,目的在于启发学生思考地理环境演变过程中多个要素的复杂作用,环境演变的驱动力改变和同一驱动力在不同时间尺度的具体响应。这种思维路径的展开与学术研究的一般路径“提出问题,做出假设,制定计划,实施计划,得出结论”相似,在于启发考生对于复杂地理问题的深入思考与建构。

从地理成因的视角思考地理现象与过程之间的关系,相较于传统地从地理条件出发推导地理过程,可看出对于既定地理事实作为结论的思维路径更利于培养学生地理学科的探究意识。正向推导过程符合一般的思维路径利于现实生活中结构性良好的问题解决,而本试题所采用的反向推演,是基于学生发散性思维的基础上对于问题本身进行预测,对学生分析和解读地理信息的能力提出了更高层次的要求。此类思考方式对于学生的影响在于打破"一一对应"的解题思路,寻求"一题多解"的全面解答。从符合逻辑链条的问题出发培养学生基于事实的合理推演。

3.2.2综合思维

综合思维指运用综合的观点和方法认识地理环境的思维方式和能力。人类生存的地理环境是一个综合体,在不同时空组合条件下,自然和人文要素相互作用,综合决定着地理环境的形成和发展。对综合思维的考查有助于考生从整体的角度,全面、系统、动态地分析和认识地理环境,以及它与人类活动的关系。

综合思维考查要求考生能够用地理思维方式思考,按地理学基本逻辑,从"分解"和"综合"两个维度分析、解决地理问题。例如:

能够理解地理学科认识地理环境的方法,即依据一定的标准将作为整体的地理环境,划分为不同尺度、不同类型的地域,分别加以认识。

【2014课标甲卷】

36.(22分)阅读图文资料,完成下列要求。

河流的侵蚀、沉积及沼泽的吸收(附)影响河流泥沙和营养物质含量。水体中营养物质含量影响浮游生物量,与水温共同制约鱼类资源数量。图3-6所示的西西伯利亚平原地势低平,冻土发育,河流众多,沼泽广布。

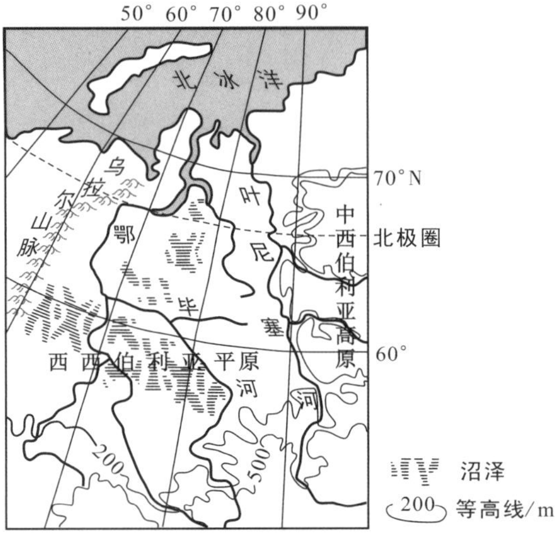

图3-6

(1)分析西西伯利亚平原沼泽广布的原因。

(2)分析叶尼塞河泥沙含量较多,而鄂毕河泥沙含量较少的原因。

(3)通常,大河河口的鱼类资源丰富,但鄂毕河河口鱼类资源相对较少。说明鄂毕河河口鱼类资源较少的原因。

【答案】

(1)地势低平,排水不畅;气温低,蒸发量小;下部土层冻结(永冻层),阻滞水分下渗;(凌汛等导致)河水泛滥。

(2)叶尼塞河支流多流经中西伯利亚高原,(河床比降大)流速快,侵蚀强,增加了河流含沙量。鄂毕河主要流经平原,流速慢,泥沙沉积,含沙量小。

(3)鄂毕河河口区纬度高,水温低,鱼类生长慢。结冰期长,鱼类存活率偏低。鄂毕河流经沼泽,营养物质被植物吸收,河水中营养物质严重缺乏,不利于浮游生物生长。北冰洋营养物质和饵料较为贫乏。

【说明】

1.考查内容

从区域角度探讨区域单元的形成发展、分异组合、划分合并和相互联系是地理学综合研究的范畴。[①]依据一定的标准可将作为整体的地理环境进行划分,如根据空间尺度可划分为全球、地区、地方等。研究地理环境既要选择一定尺度级别或一定类型的区域,也要对区域围绕核心地理要素进行综合分析,从而识别地理环境内部要素之间密切的关联性、系统性和复杂性。

西伯利亚地区地处高纬,太阳高度角小,所获得的热量少,绝大部分区域属于亚寒带针叶林气候,局部为寒带苔原气候,是北半球冬季最寒冷的地方之一。北半球的两大"寒极"——上扬斯克和奥伊米亚康便位于此。在次一级尺度上,西伯利亚地区又可分为三个地形区,介于乌拉尔山脉和叶尼塞河之间的西西伯利亚平原,地势低平,沼泽宽广;位于叶尼塞和勒拿河之间的中西伯利亚高原,高原面破碎;最东为东西伯利亚山地。由于不同次级地形区自然要素的组合条件、地理过程响应有差异,人类的生产生活也受到了相应的制约。

2.考查要求

试题探讨西西伯利亚平原和中西伯利亚高原各自然地理要素的空间组合,围绕沼泽分布,流域含沙量差别,鱼类资源情况等展开设问,使考生认识不同尺度下地理要素之间复杂的相互关联,加深对区域地理环境的整体性的认知,落实了基础性和综合性的考查要求。

西伯利亚位于高纬地区,气温低并分布大量冻土,故蒸发量小,排水不畅,水分阻滞。与此同时,在西西伯利亚平原从低纬流向高纬的河流都存在凌汛现象,河水易泛滥。在上述自然条件的综合作用下形成了该地独特

---

① 郑度.关于地理学的区域性和地域分异研究[J].地理研究,1998(01):5-10.

的区域特点：西西伯利亚平原沼泽广布。考生需在了解沼泽、凌汛和冻土等基本概念的基础上分析西西伯利亚平原沼泽广布的原因。

不同流域之间含沙量的差别，与沙源和河流流经的区域地理范围有关。叶尼塞河支流多发源于中西伯利亚高原(海拔500～700米)，鄂毕河主要发源于西西伯利亚平原南部(海拔220～300米)。考生需了解含沙量、平原和高原的基本概念，明确河流流速与侵蚀搬运关系的基本规律和自然地理环境整体性的基本原理，在此基础上对叶尼塞河和鄂毕河的水文特征进行比较才能分析出两条河流含沙量差异的原因。通过比较可以发现叶尼塞河支流多流经高海拔地区，河床比降大，故流速快，侵蚀强，增加了河流含沙量。鄂毕河主要流经平原，流速慢，泥沙沉积，含沙量小。

大河河口的鱼类资源丰富，通常是由于大河河口处于河海交互带，营养物来源丰富。考生调动对比这一基础知识，并结合鄂毕河流域的地理环境的特殊性进行具体分析鄂毕河河口鱼类资源较少的原因。鄂毕河河口虽处于入海口处，但流经沼泽分布区，营养物质被植物吸收，不利于浮游生物生长，饵料的缺乏导致鱼类生长困难。同时，该地纬度高，热量条件差，河流水温低，不利于多数鱼类生长；过长的结冰期，使得鱼类存活困难。同时，鄂毕河河口这一特定区域鱼类资源缺乏的分析需要学生认识到地理现象是地理过程和要素在特定区域综合响应的结果，需要系统地理解和认知。单一的营养物来源或区域气候条件分析认知必然会引起对地理现象认识的不全面、不系统。

3.考查载体

“西西伯利亚平原沼泽广布”“叶尼塞河和鄂毕河含沙量差异”是该地区真实存在的地理现象。试题将主题所涉及的相关信息进行较为详尽的阐述，为考生全景式展现了西伯利亚地区大尺度的环境特征。题目设问关注的是西伯利亚次级区域尺度的环境特征(沼泽广布、含沙量少、鱼类资源少)，提供了试题考查的具体切口。该题所指的流域尺度是鄂毕河流域和叶尼塞河流域，地处西伯利亚的这两条河流都具有气候寒冷的共同特征，但结合小尺度范围进行分析可发现这一共同特征在次级尺度对不同流域产生显著影响的差异，如对西西伯利亚平原更多表现为地表沼泽广布，叶尼塞河、鄂毕河含沙量差异以及鄂毕河鱼类资源的多寡。

能够从地理环境中提取出地形、气候、水文、生物等地理要素，并从气温、降水、日照等角度认识气候要素的特征。

【2012课标Ⅰ卷】

37．阅读图文资料，完成下列要求。

图3-7所示区域的沿海地区年降水量约50毫米，东部山地雪线高度在4480～5000米之间。自20世纪90年代，该地区开始种植芦笋（生长期耗水量较大），并发展成为世界上最大的芦笋出口区。

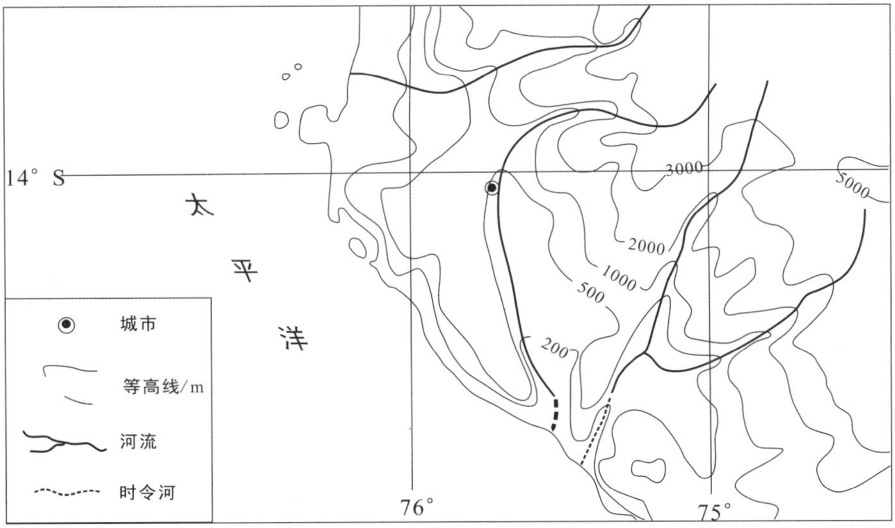

图3-7

（1）分析图示沿海地区气候干旱的原因。

（2）推断图示沿海地区芦笋种植用水的来源。

(3)你认为图示沿海地区是否应大力发展芦笋种植,请说明理由。

【答案】

(1)位于热带,全年气温高,蒸发旺盛;(受东部山脉阻挡)处于东南信风的山地背风坡,不利降水;(势力强大的)沿海寒流的减湿作用强。

(2)地下水;冰雪融水(河水)。

(3)观点一:应大力发展芦笋种植。理由:扩大就业,增加收入,促进经济发展。观点二:不应该大力发展芦笋种植。理由:芦笋生长耗水量大,当地本来水资源缺乏,种植芦笋使当地水资源更为紧缺。

【说明】

1.考查内容

地理环境处于岩石圈、水圈、大气圈、土壤圈、生物圈等相互作用、相互渗透、相互制约的交错带。在不同的尺度条件下,往往会出现地理要素不同的变化过程。在特定的时间和空间尺度上对地理现象和过程实施观测,能够不断深化对岩石圈、水圈、大气圈、土壤圈、生物圈交互作用过程的认识。[①]地理要素通常包括自然地理要素和人文地理要素[②]。研究地理环境,就是要从要素入手,从而更好地揭示地理现象和过程随观测尺度变化而表现出的规律。

本题提供的区域背景为秘鲁西南部的伊卡地区,属热带沙漠气候,气候干燥,光照充足;地形平坦,面积广阔,并且有较为稳定的水源补给,拥有种植优质芦笋的自然条件。当地农民以种植芦笋为主,产出的芦笋都出口到英国等国家,经过加工后的芦笋成为超市里的高档商品或酒店里的奢侈菜品。秘鲁也逐渐发展成为南美洲最大的芦笋出口区。芦笋生长期耗水量较大,为了保证芦笋的生长,伊卡人在该地区开凿了很多水井,从地下抽

① 傅伯杰.地理学综合研究的途径与方法:格局与过程耦合[J].地理学报,2014(08):1052-1059.

② 傅伯杰.地理学:从知识、科学到决策[J].地理学报,2017(11):1923-1932.

取淡水。随着芦笋贸易的扩展，种植的普及，开凿的水井也越来越多。伊卡的地下水位开始迅速下降，一度成为世界上含水层枯竭速度最快的地区之一。试题以芦笋在当地的发展为主线，主要考查考生从对地理要素特征的提取、分析，以及这些特征与区域人类活动的响应关系。

2.考查要求

本题提供的区域背景为秘鲁北部的伊卡地区。解答本题要求考生从图文资料中获取地理信息，分析该地的自然条件和人类活动之间的相互关系，并结合区域自然、人文地理知识等分析问题和解决问题，侧重基础性、综合性和应用性的考查。

试题通过地图的方式呈现了该地所处的纬度范围与海陆分布情况，要求考生据此判读该地所处的气候带（热带沙漠）和附近洋流的特征（寒流）。同时，通过图中盛行风向和地形关系可得出该地降水少的结论。认识该地的气候特征需明确热带、盛行风向和洋流等基本概念，并掌握气候干旱的形成原因和寒流的影响等相关知识。

地处干旱地区的伊卡芦笋种植用水的来源值得探究。该地大气降水稀少，水源补给只可能来自高山地区的冰雪融水或地下水。试题文字信息提供了该区域“东部山地雪线高度在4480～5000米之间”，而当地发源于高山的河流源头海拔高度不足3000米，因此河源地区不具备大面积的冰川积雪来为河流提供补给。所以抽取地下水是芦笋种植用水的不二选择。对这一问题的剖析，需要文字、地图、相关知识的调动和综合，对试题的多类信息进行多维的有机整合，落实了综合性的考查要求。

综合伊卡地区的自然背景与当地农业生产活动的矛盾，要求考生思考人地关系的处理方式。秘鲁芦笋出口到国外作为高档商品或酒店里的奢侈菜品，商品率和创汇能力高，所以从提高当地居民福祉和发展经济出发，该地应大力发展芦笋种植；但芦笋生长耗水量大，当地本来水资源缺乏，种植芦笋使当地水资源更为紧缺，严重制约产业发展和威胁当地环境，因此需思考平衡人类需求的增长与资源环境的承载力，不宜盲目和无节制地扩张。该题从现实问题出发，启发学生思考人类活动与地理环境之间矛盾的复杂性，要求学生辩证地思考处理人地矛盾的方式。

3.考查载体

本题组通过简洁的文字和图片将试题主题所涉及的相关内容进行较为详尽的阐述，为考生全景式展现了秘鲁伊卡地区自然特征与人类实践活动。本题有利于帮助学生理解真实地理现象存在的复杂性和合理性。学生要利用学科所学知识帮助自身理解自然环境与社会生产生活之间的关系，从而实现对于现实问题的深刻思考。

能够从地理事物和现象的演变中，梳理出相关要素变化与相互作用的地理过程，并从性质、特点、强度等方面，进一步认识循环过程、扩散过程等。

能够将地理过程分解为不同类型、不同时段加以认识。

【2018全国Ⅱ卷】

地处黄土高原的汾川河流域多年来植被覆盖率大幅度提高。2013年7月，汾川河流域降水异常增多。表3-1为当月6次降水过程的时长、降水量和汾川河洪峰情况。第5次降水形成的洪水含沙量低，第6次降水形成的洪水含沙量极高。据此完成1～3题。

表3-1

降水序号	降水历时（天）	降水量/mm	汾川河洪峰情况
1	2	53.0	无明显洪峰
2	4	80.3	无明显洪峰
3	5	100.1	无明显洪峰
4	2	73.2	无明显洪峰

续表

降水序号	降水历时(天)	降水量/mm	汾川河洪峰情况
5	2	90.7	洪峰流量346 m^3/s
6	2	54.4	洪峰流量1750 m^3/s

1.汾川河流域植被覆盖率大幅度提高能够

A.减小降水变率　　B.减少河水含沙量

C.增加降水量　　D.加大河流径流量

2.第5次降水产生洪峰的原因是此次降水

①历时长　②强度大　③下渗少　④植被截流少

A.①②　B.②③　C.③④　D.①④

3.第6次降水产生的洪水含沙量极高,其泥沙主要源于

A.河床　　B.沟谷

C.裸露坡面　　D.植被覆盖坡面

【答案】

1.B　2.B　3.D

【说明】

1.考查内容

自然地理过程按性质划分,主要包括物理过程、化学过程、生物过程或它们的复合类型,是具有明确地理意义和地理效应的自然过程。自然地理过程也可按自然地理属性划分,主要包括地质构造运动和地貌形态塑造过程,大气环流和气候变化过程,水文与水循环过程,土壤形成和发育过程,生物地球化学过程等几大类。地球表层上发生的各种自然地理过程,尽管性质、特点、强度等方面各异,但从机制上都可纳入物质迁移与循环和能量传输与转化的过程之中。

黄土高原流域内地表松散的组成物质——黄土及黄土母质基础上发

育的土壤极易被流水侵蚀。植被通过树冠阻滞、根系阻挡等作用可以大幅减少降水对地表松散物质的溅蚀、片蚀作用，起到固定泥沙的功能，从而显著减少从坡面进入河流的地表泥沙。这种固定作用受到如下因素的影响会发生变化：首先是降水，降水条件的变化会通过降水强度增大，从而增大地表冲刷力；水体对地表组成物质性状（如水体填满土壤中的空隙）的改变，而改变植被固定泥沙的能力；其次是地形，地表坡度的变化同样会通过物理作用（如加大重力分力）来改变植被固定泥沙的能力。

自然状态下，黄土高原松散堆积物有一个自然的输移过程，河流的水沙可以保持一定的平衡。大幅度地提高植被覆盖率确实起到了固定大量泥沙的作用，一旦遇到异常气候状态，累积（蓄积）的泥沙就可能集中释放。常态的释放和缓慢的过程并不会对人类活动和自然环境产生显著的不利影响，而集中的释放往往成为突变和灾变的缘由。植被覆盖的坡面在固定泥沙的同时也蓄积了大量的沙源。遇到极端气候条件，这些沙源得到了集中的释放，从而造成了河流含沙量极大提高。

2.考查要求

流域是各类自然和人文地理要素，尤其是自然地理要素的综合体。流域提供了各类自然要素活动和作用的场所。在流域内地理要素的相互作用是地理环境整体性和差异性形成的自然基础。随着对自然环境认识的深入，对流域问题的解决和流域的治理也多从自然环境整体性和地理要素相互作用的角度来加以思索，解答本题侧重基础性、综合性和应用性的考查。

本题在解答过程中要求考生了解降水变率、含沙量和径流量等基本概念，并掌握植被的作用等基本知识，熟悉水循环的概念、环节和自然地理环境整体性的基本规律，并在此基础上理解地理过程强度、性质、特点的变化对植被覆盖固定泥沙能力的影响。对恢复植被的结果进行综合分析的过程中，学生需深入理解自然环境气候、地形、植被、土壤、水文等要素之间的相互作用，辩证看待自然环境与人类活动之间的复杂关系。

试题的设置要求考生理解植被固定泥沙、水体下渗和饱和、泥沙集中释放等主要地理过程。并对这些过程中植被、土壤和河流水文特征各要素的变化进行深入的解读。要求学生理解在外界条件/强度发生改变的情况下，自然地理要素之间的影响程度和过程也会因为阈值的变化而逐渐显现出不同的模式。本题通过呈现汾川河流域治理中的地理事物和现象及问题，鼓励考生根据现象，灵活运用所学知识分析和解决实际问题，体现学以致用的目的，从而体现了应用性的考查要求。

3. 考查载体

本题以较为直观的图文材料详细地描绘黄土高原汾川河流域这一具体地方尺度的地理事物和现象。同时通过提供黄土高原汾川河流域7月6次降水过程的时长、降水量和河流发生洪峰的情况，为考生全景式展现了植被覆盖率对河流泥沙减少（实质是植被覆盖固定泥沙的能力）的贡献率达到阈值之后所发生的一系列地理过程。试题以表格形式呈现了同一地理过程不同阶段的强度和特征，为考生提供了观察和理解地理过程强度逐渐变化进而引起系统状态变化的直观表达。

本题聚焦于一个较为复杂的生态治理问题，即通过恢复植被覆盖这一举措呈现真实情境，试图让学生理解人类对自然积极的干预和修正依然要以自然本身的阈值和限度为依据，干预的程度和强度要依托于自然过程的科学研究和科学对待。该题注重考生独立思考能力的考查，即试图保持一区域水土或涵养该地水源通过采取提高植被覆盖率的方式并非放之四海皆准。该题的立意在于启发学生理解地理规律并不是一成不变的，而是有前提条件的。规律的存在需要结合复杂的地理环境进行具体的分析。

能够通过地理要素特征，思考地理事物和现象的发展演变过程，进而建立地理要素与地理过程的关联。

能够根据特定区域内地理要素与过程的空间配置与组合关系，从结构特征、空间格局、演变过程、功能效应等方面全面理解作为整体的某地理区域。

【2014全国Ⅱ卷】

36.阅读图文资料，完成下列要求。

图3-8所示区域海拔在4500米以上，冬春季盛行西风，年平均大风(≥8级)日数157天，且多集中在10月至次年4月。青藏铁路在桑曲和巴索曲之间的路段风沙灾害较为严重，且主要为就地起沙。风沙流主要集中在近地面20～30厘米高度范围内。

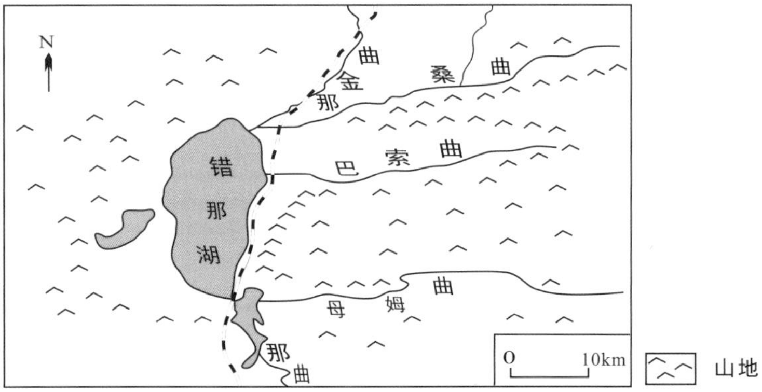

图3-8

(1)分析错那湖东北部沿岸地区冬春季风沙活动的沙源。

(2)说明上述沙源冬春季易起沙的原因。

(3)简述风沙对该路段铁路及运行列车的危害。

(4)针对该路段的风沙灾害，请提出防治措施。

【答案】

(1)多条河流在此注入错那湖,泥沙沉积,河口三角洲面积较大。(北边)冬春季河流水位低,河滩泥沙裸露;错那湖水位低,(因河口外湖区水深较浅)出露的湖滩泥沙面积较大。

(2)冬春季气候干燥(降水少),地表缺乏植被(草)的保护;大风多,湖面较宽阔,西风经湖面无阻挡,沙源东部为河谷,风力强劲。

(3)(铁路路基较高)风沙堆积,填埋路基和轨道;侵蚀路基(和路肩);损害机车车辆和通信、信号设备等,加大钢轨、车轮等设备的磨损;影响运行列车安全。

(4)(阻沙措施)在铁路两侧设立阻沙墙(高立式沙障)。

(固沙措施)在沙地上用碎石等覆盖沙面,设置石(草)方格沙障。

【说明】

1.考查内容

地球表层要素性质、区域性质和整体性质的产生、发展、消亡称为自然地理过程,是一系列的物理过程、化学过程和生物过程的耦合。地球表层从外界输入物质和能量后,通过自然地理过程,实现能量和物质的转换。因此,自然地理过程的实质是地球表层的物质迁移与能量转换。①试题中侧重考查的青藏铁路错那湖沿岸段就地起沙过程,实质即为沙在空间位置上的迁移以及风能的转换。

地球表面不同区域的地理要素发生物理、化学、生物过程的条件不同,自然地理过程的结果必然不同,从而在特定区域产生不同的自然地理特征。青藏铁路在桑曲和巴索曲之间的路段风沙灾害较其他路段严重,与该区域各地理要素在时间和空间上的配置组合密切相关。冬春季补给来源少,河湖水位低,三角洲泥沙裸露面积大,为就地起沙提供物质基础。冬春

① 许嘉巍,刘惠清.自然地理过程[M].长春:东北师范大学出版社,2005.

季节也是该地区大风日数集中的季节，沙源和大风在时间上形成良好的配合关系。错那湖周边地区地势开阔，西风自西向东依次经过湖面、沙源地、铁路、河谷，且空间距离近。这一地理格局强化了大风条件，为严重的风沙灾害奠定了能量基础。而铁路刚好位于沙源地冬春季节盛行风的下风向，就地起沙会对该路段铁路及运行列车产生威胁。通过人为干预减缓风沙灾害对铁路的风蚀效应，本质上就是改变就地起沙中的沙源或者大风要素，打破要素间配合关系，最终减弱就地起沙过程。

2.考查要求

本试题要求考生关注青藏铁路在桑曲和巴索曲之间路段周边的大风、湖泊、河流、植被、地形等地理事物和地理过程的时空配置、组合关系，推断风沙灾害的物质来源、动力机制，并据此提出减灾措施，侧重基础性、综合性和应用性的考查。

本试题主要围绕着风沙活动产生的基本条件进行考查，考生需要对风沙活动的基本过程有充分理解，掌握“沙源越丰富、风力越强劲，风沙活动就越强”这一基本规律。在分析沙源丰富的过程中，要求考生具备用图表达和获取地理信息的方法，并掌握三角洲等基本概念。同时，在风向、风力等级的基本概念的基础上，要求考生对大风日数有感性认知，考查了风的形成过程等基本原理。提出风沙灾害防治措施，考生需要理解气温对植被的影响这一基本规律，秉持因地制宜的基本观念。

对该地区沙源的分析，需要综合地形、气候、河湖、植被等各要素，要求考生掌握区域地理环境的整体性。在分析大风条件的成因时，考生需要从题干中获取文字信息“年平均大风（≥8级）日数157天，且多集中在10月至次年4月”中，得出冬春季节多大风的结论。“冬春季盛行西风”则暗示考生需要关注该区域的空间格局，将示意图中湖泊、沙源地、铁路、东西向河谷的空间排布状况作为一个系统综合考虑。并将风洞效应迁移应用于地理要素特征的分析。最终，考生还需通过对物质来源（沙源）、动力条件（风力)、地形约束等知识点的综合思考,将丰富的沙源和强劲的风力在时间上匹配起来,推理就地起沙过程及其被强化原因,并简述就地起沙可能导致的风蚀效应。

虽然该路段风沙灾害严重,但是依据因地制宜的地理观念和科学有效的治理措施,风沙灾害已经得到有效的控制。考生需要根据图文材料掌握灾害发生的原因、规律、特征,并在此基础上进行逆向思考。要减轻风沙灾害的风蚀效应,关键在于打破该地沙源丰富和大风的组合,从而思考相应的阻沙固沙措施,高效解决问题。

3.考查载体

本试题以错那湖东北部沿岸地区多风沙活动为案例,考生需要通过即时获取信息,思考并探索分析,创设学习探索情境。试题描述的区域范围由大到小,最终落脚到桑曲和巴索曲之间的路段。试题以文字信息的方式说明该区域就地起沙风沙灾害严重,引导考生调用风沙活动规律,结合试题所提供的气候、地形、河流等条件进行合理解释。文字材料主要突出强调冬春季节盛行风向与风力等级,暗藏风、沙的时间配置状况。示意图利用比例尺和指北针,利于考生准确把握空间范围与方位;主要涉及山地、湖泊、铁路、河流四种地理事物,提示考生关注该区域各地理事物空间组合状态产生的综合效益。问题的设置以就地起沙灾害的产生条件—危害—防治为逻辑,为考生分析灾害问题提供了可借鉴的框架模板。

破坏该地风沙组合条件,成功缓解错那湖东北部沿岸地区的风沙灾害带来的负面影响,能够让考生具体感受在青藏高寒地区突破自然限制进行合理活动的难度。作为人类正确认识自然,并合理利用自然规律成功改造自然的案例,同样可以让考生对人地协调有更深刻的认识:人与自然和谐相处,不是简单的任自然发展,人类无所作为,而是正确看待自然地理环境与人类活动的互相影响,实现人与自然的双赢。

能够把地理时段分析的结果置于整个时间发展序列中进行动态综合，并整体理解地理事物和现象的前后承袭、演替关系和周期节律。

【2014课标乙卷】

43. 自然灾害与防治

图3-9所示区域地处青藏高原东部边缘的断裂带。2013年4月20日，这里发生了7.0级强烈地震。2013年4月21日夜至24日，震区出现多次降雨。本次地震后，图示区域发生了严重的次生地质灾害。

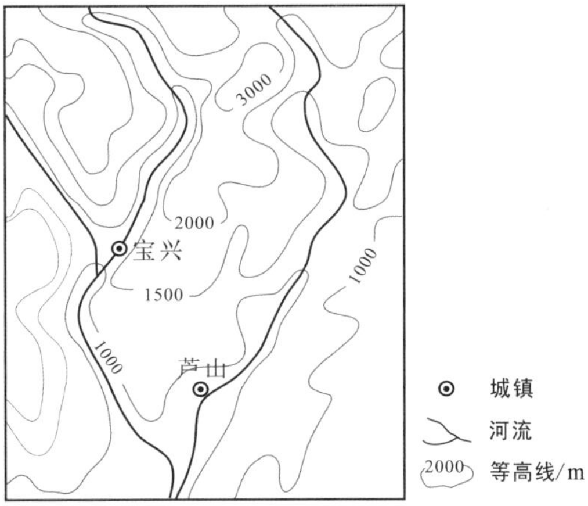

图3-9

说明本次地震后图示区域次生地质灾害严重的原因。

【答案】

图示区域(地处断裂带)岩石破碎，山高、坡陡、谷深，强烈地震造成震区岩体松动、破裂，形成崩塌、滑坡等次生地质灾害；降雨致滑坡、崩塌加剧，引发泥石流。

【说明】

1.考查内容

地理事物和现象一定存在于特定的时空组合中。地球表层的要素性质、区域性质和整体性质无时无刻不在动态变化之中。这种动态变化体现为地理过程的产生、发展、消亡等不同时段,各时段之间相互关联,构成一个时间发展序列。[①]在芦山—宝兴区域发生次生地质灾害是一个特定时段的结果。此次次生地质灾害严重的原因,与断裂地带地震多发—岩石破碎—芦山地震—多次降雨这一时间先后顺序密切相关,应在整个时间发展序列中进行动态综合。

地理事物和现象在不同时段的关联分析可从三个角度进行,即前后承袭、演替和周期。试题主要着眼于区域要素的前后承袭和周期节律。该区域位于断裂地带地震多发,地震活动可以为次生地质灾害的发生提供物质基础。多次降雨发生在大地震之后,长期地震形成的堆积层在浸水后,黏聚力骤降,可滑性增强;叠加地质历史时期长期演变而形成的山高、谷深、坡陡的地形特点,势能转化为动能,最终加剧滑坡、崩塌,引发泥石流。

此次次生地质灾害,是前一时段物质与能量不断积累的结果,发生之后地表将达到新的平衡。但风化、侵蚀作用仍会继续积累,松散物质依然会不断堆积,构造运动也会重新开始积蓄能量。到一定程度后,本次地理过程会再次出现,循环发生,体现地理现象的节律性。

通过对地理事物和现象进行动态、综合的时段分析,人们能够用变化、联系的观点科学地认知地理环境的各种变化,在生活生产活动中,对于可能扰动地球表层稳定性的行为要慎重,因为前后承袭和周期节律会放大某些危害。

2.考查要求

试题主要考查的基本概念有次生地质灾害、断裂带、地震等,要求考生掌握自然灾害的联系性、主要地质灾害的产生机制与发生过程等基本规律,重视对基本概念、知识的理解和调用。

试题要求考生有对图文信息、时空多维度信息的获取和解读能力。如

① 许嘉巍,刘惠清.自然地理过程[M].长春:东北师范大学出版社,2005.

需要从文字资料获取该区域地处断裂带、发生了7.0级地震等信息；阅读等高线地形图，并总结出“山高、坡陡、谷深”的地形特征。考生需要根据材料提示，明确强烈地震和降水发生的先后顺序，并将其放到时间序列中综合考虑，关注物质与能量的前后承袭对当地次生灾害发生带来的影响。次生地质灾害的发生不是孤立的地理现象，而是地质、地形、气象等地理环境要素长时间共同作用的结果，要求考生认识到地理环境是一个复杂的综合体。

本题将抽象的灾害知识用于分析芦山—宝兴区域发生的真实次生地质灾害产生的过程，体现了地理试题与实际相结合。鼓励考生关注生活，能够灵活运用自然灾害、次生自然灾害产生的条件等地理原理，分析其他区域、其他类型的自然灾害的成因，并培养其防灾减灾救灾意识，起到举一反三的效果。

3.考查载体

以2013年4月20日芦山强烈地震及其严重次生地质灾害为素材进行考查。题目设问中“次生”一词暗示了地质灾害物质与能量的前后承袭。示意图则将空间视角聚焦到芦山—宝兴这一地方尺度，用示意图的方式提供了地形（等高线）、河流、城镇等具体的地理显性信息，呈现了“山高、坡陡、谷深”的地形特点等隐含信息。题干整体表述简洁，突出强调了地震、降水发生的时间点以及先后顺序，用影响因素较为简单的次生地质灾害，传递了动态的时间过程，让考生能够更加清晰地感受到地理现象发生的前后承袭和节律。

3.2.3地理实践力

地理实践力指在考察、调查和模拟实验等地理实践活动中所具备的意志品质和行动能力。户外考察、实验、社会调查等是地理学重要的研究方法，也是地理课程重要的学习方式。对地理实践力的考查有助于提升考生的行动意识和行动能力，更好地在真实情境中观察、感悟、理解地理环境及其与人类活动的关系，增强社会责任感。

地理实践力考查要求考生具备地理行动实践能力，在面临需要解决的地理问题时，能够沿着地理视角的引领，遵循地理思维的基本方式，秉持正确的价值观，确定合理的“做事”方向、选择合适的“做事”工具、采用合宜的“做事”方法，形成迅速、高效的“做事”本领及其表达方式。

- 能够根据具体的地理问题，在地理视角的引领下，遵循地理思维的基本方式，秉持正确的价值观，确定合理的地理行动方向，并设计相应的行动方案。

- 能够根据具体的地理问题，在“做事”方向的规约下，恰当地选用地图、统计图表、地理信息技术、社会调查、野外考察等地理行动手段。

- 能够根据具体地理问题，在地理行动方案的设计、实施与反思过程中，运用图表、文字等表达形式，准确、恰当地表达地理行动结果等。例如，根据野外考察的任务要求，撰写小论文以呈现地理行动的结果，并交流体验与反思。

【2018年全国Ⅰ卷】

小明同学7月从重庆出发到贵州毕节旅游，收集到的相关高速公路信息如图3-10所示。据此完成1～3题。

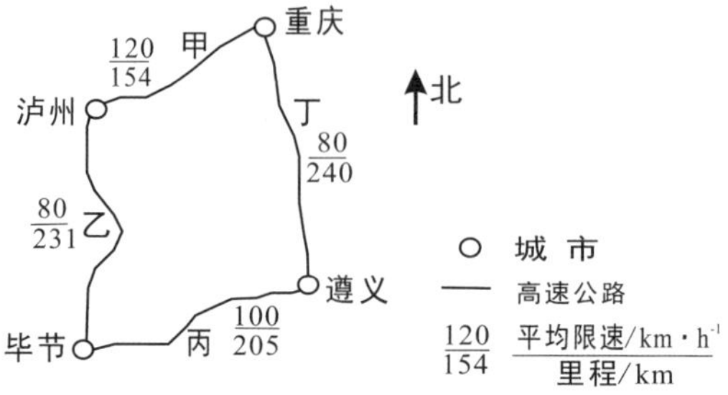

图3-10

1．乙路段和丁路段平均限速均较低的原因可能是这两条路段

A．车流量大　　B．平均坡度大

C．雾霾天多　　D．两侧村庄多

2．小明若从重庆出发乘长途客车经遵义至毕节，为免受阳光长时间照射且能欣赏窗外风景，以下出发时间和座位较好的是

A．6:00出发，左侧靠窗　　B．8:00出发，右侧靠窗

C．10:00出发，左侧靠窗　　D．12:00出发，右侧靠窗

3．避暑是小明此次旅游的目的之一。导致7月毕节气温较重庆低的主导因素是

A．地形　　B．纬度位置　　C．海陆位置　　D．大气环流

【答案】

1．B　　2．B　　3．A

【说明】

1.考查内容

地理实践力既可内化为隐性的素质，又可外显为具体的行为。隐性的素质是指内在的行动意识，如发现、探索地理问题的兴趣，克服困难的勇气，实事求是的态度，以及从体验和反思中学习等。如小明在利用地理信息系统获取高速公路相关信息后，能发现乙路段和丁路段平均限速均较低

即对生活地理问题转换的意识。而在地理视角的引领下,通过调动相关地理知识,探索并分析影响高速公路限速的原因可能与地形坡度等因素相关,理解地理环境对人类活动的影响,则充分展示了探索地理问题的素养和特质。①

具体的行为则是指通过实践外显出来的"做事"行动,具有可操作性,如通过考察、调查、实验等方法收集和处理地理信息,选择和使用合适的地理工具,制定并实施地理实践活动行动方案等,最终能够解决现实地理问题。在试题情境中,小明为了获得更好的乘车体验,需要选择合适的乘车位置。考生需要代入小明这一虚拟角色,结合7月北半球太阳视运动规律和不同路段的行驶方向、出发时间,准确推断出最佳的行动结果。

2.考查要求

试题围绕着小明到毕节避暑旅游的所见、所感进行考查。要求考生明确中国主要地形单元区的分布等基本知识。在此基础上调动运用地球运动的地理意义,对长途汽车的班次与座位进行选择。在判断毕节7月气温较低时,要求考生依据气温的影响因素,判断主导因素。

在考查必备知识的同时,试题重点关注了学科素养。在判断出发时间和座位时,要求考生具备地理实践力以及一定的时空动态综合能力。首先,考生需读图意识到从重庆出发经遵义至毕节,在不同时间段内,长途客车在高速公路上的空间位置和行驶方向不断发生变化,这种意识的产生应当是长期地理科学教育和培养的结果。其次,需调用太阳高度角等地理知识,推断随着时间的推移,太阳光线的照射方位的变化过程,这一判读过程和行为是地理科学知识内化的认知结果。最后,考生要将这两者结合起来,指出最合适的出发时间和座位,从时空综合的角度检测了学生的综合性素质。

长途汽车的班次与座位的选择表现了地理与生活实际密切相关,这一

① 韦志榕,朱翔.普通高中地理课程标准(2017年版)解读[M].北京:高等教育出版社,2018.

问题设置和行为皆源自生活体验。

用文字材料呈现出发地与目的地，地图材料则主要呈现方位、各城市的相对位置、公路里程和平均限速等信息，重点突出，指向考生准确、快速获取并解读信息的能力。如地图呈现了重庆、泸州、遵义、毕节四个城市在空间上的分布状况，以及高速公路里程，引导考生判断该区域的南北纬度差、东西经度差均在2°左右，明确主要涉及的尺度类型为地区尺度。而纬度位置、海陆位置、大气环流则为全球大尺度的影响因素，对地区尺度气温的影响差异不大。借此载体，提示考生在思考具体地理问题时，要关注尺度这一地理核心概念，才能够科学、正确论证和探讨地理问题。

3.考查载体

试题以小明7月从重庆出发到贵州毕节旅游避暑的地理行为创设生活实践情境。

基于7月重庆炎热和毕节凉爽的事实，试题虚拟了小明选择客车班次和座位，思考部分路段限速低的原因以及毕节气温低的影响因素，营造了一个模拟型情境。本组题考查的终极目标并不是针对旅游活动应采取哪种行为，而是要引导学生养成思考每一个现象与选择背后所蕴含地理知识和原理的意识。该情境现实感和生活性强，启发同学们在现实的生活中遇到类似情境时，积极主动去发现并提出背后的地理问题，且能用地理视角真正将地理理论与实际行动联系起来。体现了学以致用的地理教育理念，也对中学地理教学起到了导向作用。

3.3 关键能力评价案例解读

关键能力是考生在面对复杂问题情境时，为了有效地认识问题、分析问题、解决问题所必须培养的、支撑终身发展和适应时代要求的能力；是基于学科素养导向，承接学科素养要求，结合学生认知发展实际，符合考试评价规律，梳理整合而确立的指标体系；是发展学科素养、培育核心价值所必须具备的基础。在素质目标和考查内容中是重心所在。

地理学科考查的关键能力包括获取和解读地理信息、描述和阐释地理事物、论证和探讨地理问题。三项关键能力在众多地理学科能力要素之中居于中心位置，具有鲜明的学科特性，构成相互联系的有机整体。

3.3.1 获取和解读地理信息

获取和解读地理信息，即发现地理试题中文字、图表、数据等蕴含的地理信息，从地理试题之中提取有效的地理信息，判断地理信息的重要程度，进而加工地理信息，解读相关地理信息的含义，从而准确、快速、全面地理解并整合所获取的地理信息。

获取和解读地理信息是考生地理学科关键能力的形成基础，是考生解答地理问题的起点。地理试题命制注重采用新素材、新情境、新信息搭建学科关键能力考查平台，要求地理试题在内容上蕴含丰富的信息，在形式上具有多样化的特点，要求考生学会运用地图等地理工具，学会获取和解读地理信息的基本方法。

从试题的文字表述中获取回答问题的有关信息。

试题的文字表述是提供地理信息最基本的方式。从试题的文字表述中获取回答问题的地理信息，应该依据问题的指向，有选择性地关注有效地理信息，并注意分析所获取的地理信息与地理问题之间的关系。

在获取地理信息的基础上，需要进一步对地理信息进行提炼，筛选出与问题解决有关的重要信息，依据地理问题对不同地理信息进行重要程度排序，选择提炼地理问题的相关信息。之后深入分析提炼的重要地理信息，并对获取的地理信息进行归类整理，注意把握地理信息之间的内在联系，以重要地理信息为组织线索，实现地理信息的整合。

从试题的图表等形式中获取回答问题的有关信息。

图表是地理信息的重要载体之一，运用图表能够直观地呈现地理事物的特征、过程和联系，图表之中蕴含着丰富的地理信息，能够帮助人们全面、综合地认识地理事物。地理图表形式多样，主要提供图像信息与表格信息两类。图像信息指各种类型图像所提供的信息，地理试题中常见的图像类型有：地图、等值线图、示意图、统计图、联系图、景观图等类型。表格信息是指以表格形式呈现的数字资料信息及数字资料的属性、类别、单位等信息。

地理图表的判读与应用是高考地理命题的常见方式和重要内容。地理试题以地理图表的形式呈现地理信息，可以综合考查考生获取与解读地理信息的能力，体现地理学科能力的特色。试题命制从中学生的认知特点出发，着重考查考生运用地理图表信息概括地理事物特征、分析地理事物过程、把握地理事物联系的综合信息获取与解读能力，要求考生学会运用所学知识对地理现象与问题进行全面的、深入的分析。

准确、快速、全面地理解并整合所获取的地理信息。

考生在获取试题的地理信息之后，应能够根据问题指向进一步筛选和整理地理信息，对不同类型的地理信息进行必要的分析与综合。地理试题的设计一般以某一主题为中心创设问题情境，问题情境的描述主要通过文字表述与图像信息实现。

获取和解读地理信息的关键在于明确试题要求与考查意图，快速、准确地从试题材料中获取有效的地理信息。学会甄别有效信息与干扰信息，发掘试题之中的隐性信息。试题的图文材料一般含有回答问题的相应信息，但此类信息往往散布于试题之中，并不集中呈现，因此需要考生将试题的关键地理信息提取出来，进而提炼、整合关键地理信息，建立关键地理信息之间的联系，在此基础上对试题所提供的地理信息进行分析、综合、概括、抽象、推理，从而准确、快速、全面地获取地理事物的特征、过程与联系信息。

【2019全国Ⅲ卷】

我国某公路长500多千米，南北贯穿了多冰川的山脉，并跨越了多条河流。公路南端海拔约1070米，为山前洪积平原上的绿洲。该公路山区段每年9月底至次年5月底封路禁行。据此完成1–3题。

1．该公路位于

A．吉林　　B．内蒙古　　C．西藏　　D．新疆

2．该公路山区段定期封路禁行主要是因为

A．洪水频发　　B．路面积雪严重

C．泥石流多发　　D．路面冻融沉降

3．该公路北端海拔约750米，其所处的自然带是

A．针叶林带　　　　B．山地草原带

C．高寒草甸带　　　D．灌丛荒漠带

【答案】

1．D　　2．B　　3．D

【说明】

1.考查内容

获取和解读地理信息是考生地理学科关键能力的形成基础，是考生解答地理问题的起点。这一关键能力主要表现为考生依据问题指向，敏锐捕捉相关信息，准确筛选有效信息，并将之与地理基础知识、核心概念、关键过程进行整合理解，进而形成科学认知，表达科学结论。

2.考查要求

试题以我国新疆独库公路为原型，通过提供公路地理位置、沿途自然景观、建设和使用中的注意事项以及科学管理等方面的信息，考查学生对我国地形特征、主要山脉分布和植被及气候空间分异的掌握程度，以及地理信息提取、逻辑推断和交叉验证等方面的能力，体现了基础性和综合性的考查要求。

试题以精练的文字材料呈现了诸多地理信息。通过阅读试题材料，依次可获取的地理信息有：公路的长度、走向，公路与山脉的相对空间位置关系，山顶景观，公路的跨河情况，公路南端海拔、地形和景观，公路封路路段和时间范围。

考生在获取试题的地理信息之后，需要根据问题指向，筛选出与问题解决有关的重要信息。以试题1为例，该题要求考生根据材料的文字描述，就公路所处地理位置在吉林、内蒙古、西藏、新疆四省份中进行判断。公路南北贯穿山脉且长达500多千米，表明该山脉大致为东西走向，南北宽500

千米左右，是我国少有的几条巨型山脉之一。山脉多冰川，而冰川形成的关键条件是气温足够低。低温可以通过足够高的纬度或海拔达到，也可以通过二者的结合实现，即若山体高度超过该地的永久雪线，常年积雪之下，便可最终发育冰川。结合我国国土的纬度范围，可推知该山体海拔较高，这也印证了前面高大山脉的推论。公路南端海拔约1070米，为山前洪积平原上的绿洲。绿洲是荒漠中由于水分条件优越或人类活动形成的特有景观，这意味着山脉南麓可能位于我国的第二级阶梯，且气候干旱。最后，考生需要根据地理信息之间的内在联系，以山脉这一关键地理信息为组织线索，实现地理信息的整合。即该公路贯穿的是一条东西绵长、南北宽广且冰川广布的巨型山脉，且山脉南麓地区气候干旱、海拔在1000米左右。结合我国的行政区划、自然景观和山脉分布，可知位于我国西北干旱气候区的新疆天山山脉满足材料所描述的山脉走向、山体大小、冰川分布、山脚海拔、山麓景观等所有特征。

3.考查载体

试题以我国的一条公路为线索，用白描的手法展示了沿途的一系列地理景观，语言简练，用词准确，画面感十足，营造了一个既科学又富有诗意的学习探索情境。题干依次呈现了公路、冰川、山脉、河流、平原、绿洲等地理景观，用“500多千米”“多”“多条”“1070米”及“9月底至次年5月”等定量、定性的词汇精确说明了景观特征，为学生提供了充足的地理信息。通过问题链的3个设问，考查考生从试题信息中获取和解读地理位置、地理过程和地理联系的能力，在此基础上考生还需对信息进行理解与整合，展现考生对地理环境整体性的思考。

【2019全国Ⅰ卷】

图3-11示意我国东北某区域铁路线的分布。该区域铁路修建的年代较早，近些年几乎废弃。据此完成1～3题。

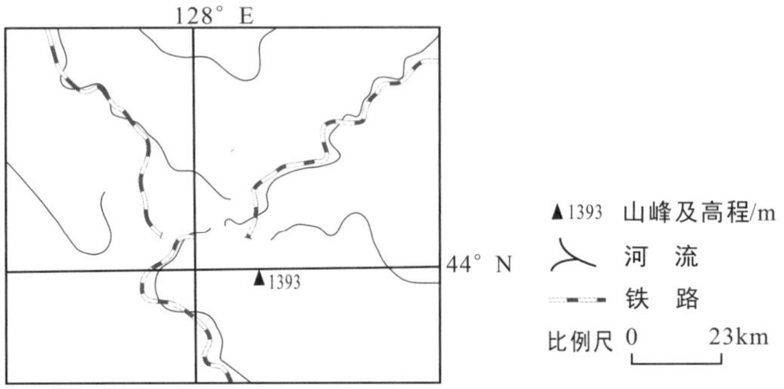

图3-11

1.该区域铁路线主要沿

A.等高线分布　　B.河谷分布

C.山脊线分布　　D.山麓分布

2.该区域修建铁路主要是为了运输

A.原木　B.农产品　C.工业品　D.石材

3.近些年来,该区域铁路几乎废弃的主要原因是

A.设施陈旧　B.运速太慢　C.线路过密　D.运输需求太小

【答案】

1.B　　2.A　　3.D

【说明】

1.考查内容

地图是经过概括的客观世界的模型,表达着各种自然和社会现象的空间分布、内在联系和时间上的发展变化。它是地理学重要的学习对象和研究工具,被形象地称为地理学的"第二语言",是地理的灵魂,所以读图能力是考生应具备的基本能力。

2.考查要求

试题以东北某区域(张广才岭)国有林场为背景,以森林铁路的兴衰演变为案例,以铁路的选线、功能和废弃为问题链,要求考生基于交通运输方式和布局等基础知识，思考自然环境、运输货物与铁路布局之间的内在联系，并结合我国经济和社会发展历程，反思我国环境保护政策的完善过程，领悟社会主义核心价值观指导下的环境保护内涵，侧重基础性、综合性和应用性的考查。

获取和解读地理信息的关键在于明确试题要求与考查意图，快速、准确地从试题材料中获取有效的地理信息。以试题1为例，试题要求考生据图判断该区域铁路线主要沿什么分布，在对图例和图形进行认真解读后，考生根据地图中河流和铁路近乎重合的位置关系，即可直观、快速、准确地判断出该区域铁路沿河谷分布。由于修建铁路的一般要求就是坡度尽量小，所以本题选项中的沿等高线分布和沿山麓分布是强烈干扰信息，要求考生根据地图信息对其加以甄别排除。

遵循地图判读的基本原则，首先观察经纬线或指向标等，明确方位；其次查看比例尺，清楚图示范围尺度；最后阅读图例，了解图中各个符号所代表的地理事物。在此基础上，观察图中地理事物的分布，从空间位置及其组合分析地理事物的特征和地理事物间的联系。在本题中通过读图、析图可获取的信息有：图示区域为一个小尺度范围，山峰海拔在1000米左右，河流呈放射状分布，地形为山地，铁路沿河谷分布。

考生在获取试题的地理信息之后，应能够根据问题指向进一步筛选和整理地理信息，对不同类型的地理信息进行必要的分析与综合。图示区域为山顶附近的一个小范围，并不涉及山麓地带。山体呈锥形，河流发源于山顶，呈放射状流向山脚，三条铁路沿河流伸向山顶，必然跨越多条等高线。

3.考查载体

试题材料以图像为主，文字为辅。地图虽只呈现了山峰、河流和铁路三种地理事物，但通过这三种地理事物的位置组合，直观地呈现了该地的地形特征及其与铁路之间的联系。并且试题将张广才岭的具体实例通过抽象概括、简化调整等方式，以“东北某区域”在题目中呈现，创设模型化情境。不具体指明所处地区，而只为考生呈现用于解决相应任务的简要区域背景与必要信息支撑，考查考生对已有信息的整合、挖掘能力。

3.3.2描述和阐释地理事物

描述地理事物即描述地理事物的特征、过程与联系，阐释地理事物即对地理事物的特征、过程与联系具体说明和解释。描述地理事物的能力主要表现在观察的细致、全面，表达的准确、简洁；而阐释地理事物的能力则是在准确表达的同时，注重体现分析、综合、演绎、归纳等理性思维的水平。描述和阐释地理事物实际上是指能够通过理性思维过程把握地理事物的特征、过程与联系，并使用简明、准确的地理学科术语予以表述，从而反映考生的地理学科关键能力水平。

运用地理基本原理与规律，准确描述地理事物的特征、过程与联系。

在获取解读试题材料地理信息的基础之上，考生需要具备依据问题指向运用所学地理知识和相关学科知识，准确描述地理事物特征、过程与联系的能力。考查路径要求考生充分调动已有地理知识，运用简洁、规范的通用语言与学科术语准确全面、逻辑清晰地描述地理事物的特征、过程与联系。要求考生学会描述地理事物特征、过程与联系的一般方法，掌握准确描述地理事物特征、过程与联系的要点，将描述地理事物的要点结构化，并且注重各个要点之间的内在联系，从而科学、准确地描述地理事物。

运用所学地理知识与相关学科知识，科学解释与说明地理事物的特征、过程与联系。

本项考查路径要求考生从整体与综合的观点出发，解释地理事物特征、过程与联系，比如解释地理特征的成因，说明地理过程的阶段性特征，分析地理联系的效应等。要求考生对地理事物进行深入分析，找寻地理事物的内在联系，学会运用分析与综合、比较与分类、归纳与演绎等科学思维方法，对地理事物的特征、过程与联系问题进行科学合理的解释与说明。与此同时，解释与说明地理现象与问题需要注重地理知识与其他学科知识的结合，运用学科交叉融合的优势，科学地解释地理现象、数据与证据，综合、全面、辩证地认识地理事物的特征、过程与联系。

【2019全国Ⅱ卷】

36．阅读图文材料，完成下列要求。

云南省宾川县位于横断山区边缘，高山地区气候凉湿，河谷地区气候干热。为解决河谷地区农业生产的缺水问题，该县曾在境内山区实施小规模调水，但效果有限。1994年“引洱（海）入宾（川）”工程竣工通水，加之推广节水措施，当地农业用水方得以保障。近些年来，宾川县河谷地区以热带、亚热带水果为主的经济作物种植业蓬勃发展。图3-12示意宾川县的地形。

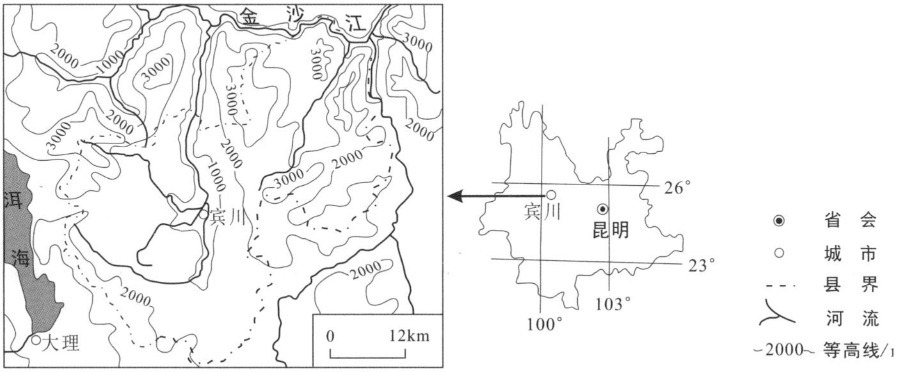

图3-12

（1）指出宾川县地形的主要特点，并推测耕地分布及数量的特点。

（2）说明地形对宾川县河谷地区干热气候特征形成的影响。

（3）用水得到保障后，当地热带、亚热带水果种植业蓬勃发展，从气候角度分析其原因。

(4)以水果种植业为基础,提出宾川县为促进经济进一步发展可采取的措施。

【答案】

(1)地形特点:山高谷深。

耕地特点:耕地主要分布在谷地和山间盆地,数量少(或面积小、占土地面积比重小)。

(2)宾川县位于温暖湿润的亚热带季风气候区,因山高谷深,谷地盛行下沉气流,气流下沉过程中增温且谷地热量不易散失,导致热(气温高),同时不易形成降水,导致干(降水少)。

(3)全年气温高,热量充足,热带、亚热带水果全年可以生长(海拔高,晴天多);气温日较差大,光照强,有利于水果品质提高(糖分积累)。

(4)吸引相关企业投资,发展水果加工业;引进并培育优良品种,树立品牌;加大宣传力度,开拓水果销售市场;促进以水果种植为基础的旅游产业化;完善交通等基础设施建设等。

【说明】

1.考查内容

描述和阐释地理事物是考生必备的关键能力之一。主要考查考生在充分调动已学地理知识基础上,运用分析与综合、比较与分类、归纳与演绎等科学思维方法,简洁、规范的通用语言与地理学科术语准确全面、逻辑清晰地描述地理事物的能力。地理学科术语主要指地理基础名词和短语(如谷地、山间盆地)、基本地理数据(如经纬度)、基本地理图形(如地形图)等。掌握足够数量的地理基础语言和地理基本原理与规律,是准确全面、逻辑清晰描述和阐述地理事物的特征、过程与联系的基础。

全面描述一个地区的地形特征有平均海拔、地势起伏、地形类型、地形分布格局和特殊地貌等多个角度。不同区域会各有侧重,考生需要运用对比分析的方法，提取其主要特征。为了准确描述宾川县的主要地形特征和耕地特征，考生需要掌握山地、河谷、耕地、山间盆地、占地面积等地理学科术语，山高谷深等通用语言和耕地分布的一般规律。提取宾川县位于横断山区边缘，高山地区气候凉湿，河谷地区气候干热，地形以山地为主，山地相对高差大等信息，把握地形与耕地的分布和数量之间的联系。

地理学科兼具自然科学和人文科学的性质，自然地理内容与物理、化学、生物等学科有着密切联系，人文地理内容与历史、政治等学科有着密切联系。在解释与说明地理现象与问题时，要注重地理知识与其他学科知识的结合，运用学科交叉融合的优势，科学地解释地理现象。影响气候的因素主要有太阳辐射、大气环流、下垫面和人类活动，其中下垫面对地方气候的影响更为显著。云南省宾川县位于横断山区边缘，山高谷深，气流在沿山体爬升的过程中，周围大气压强越来越低，使空气膨胀对外做功，自身内能变小，气温近似以干绝热率下降，当气温下降至露点时，便发生凝结，成云致雨，在这一过程中，气温以湿绝热率下降，并且随着降水的进行，气流水汽逐渐减少，如果山体足够高，气流在因降水使水汽回到不饱和之后，气温又以干绝热率下降。当气流爬升至山顶处，由于冷空气分子相对不活跃，密度大，在重力作用下，气流沿山体下沉。气团在绝热下沉过程中因外界压强的不断增大，使其体积不断缩小，即外界对气团做功，使其内能增加，因此气团温度会随着下沉而不断升高。随着温度的升高，空气饱和水汽压呈指数增加，水汽难以达到饱和，因此难以形成降水，所以“干”与“热”相伴而生。根据能量守恒原理，区域环境干旱，水的三态转化活动减少，能量消耗减少，气团热能得以累积，温度升高，蒸发随之加强，这种“干”与“热”的相互作用更有利于这里的干热气候得以维持。

2. 考查要求

试题以宾川县典型干热河谷气候为焦点展开，要求考生以地理的视角探究该气候的前因后果和科学利用。重点考查考生分析问题的能力和区域认知、综合思维的学科素养,以及人地协调的核心价值,体现了基础性、综合性和应用性的考查要求。

试题要求考生掌握山高谷深、干热河谷、热量带等基本概念和等高线地形图判读的基本方法,了解耕地分布的基本规律和气流下沉增温和空气饱和水汽压随气温的升高而增大的基本原理,准确描述宾川县的地形和耕地特征,科学阐释宾川县河谷地区干热气候的成因和对水果种植业的有利影响。

气候是太阳辐射、大气环流、下垫面和人类活动等多要素综合作用下的产物。同样,河谷干热气候也是在热量基础较好的前提下,气流运动受到当地地形的阻挡,在改变运动路径的过程中,其物理性质发生变化而逐渐形成的地方性气候。分析地形对宾川县河谷地区干热气候特征形成的影响,要求考生通过分析右图中的经纬度位置和左图的等高线数值与分布特征,获取宾川县位于亚热带季风气候区,地形具有山高谷深的特点等信息的基础上,结合大气物理学的相关知识,运用分析与综合的科学思维方法,科学阐释二者之间的关系。

人与自然的和谐相处需要人类智慧,干热河谷气候,降水少,缺乏灌溉水源,但同时也多晴天,光照强,昼夜温差大,利于水果糖分积累。当人类解决了灌溉水源这一短板,干热河谷地区将凭借优越的光热资源,成为水果的天堂。试题要求考生基于因地制宜的价值观念,充分调运所学所见,从水果的生产—加工—营销及相关领域,为宾川县的进一步发展建言献策,将地理知识应用于生产生活实际,实现从“解题”向“解决问题”的转变。

3.考查载体

试题以宾川县典型干热河谷气候为焦点展开问题,向上延伸引导考生认识地形因素对干热河谷气候的影响;向下延伸引导考生认识干热河谷气候的干旱对农业生产的限制,以及干旱问题解决后干热河谷气候所具有的光热优势,并将其与地区亚热带、热带水果的蓬勃发展和脱贫致富相结合。

以地形—气候—农业—措施为内在逻辑进行问题设置，形成一个完整问题链，层层递进。

试题以图文材料为载体，对宾川县地形和气候进行了详细的介绍，为学生创设了全景型的学习探索情境。首先材料以文字形式呈现宾川县的相对地理位置和高山及河谷地区的气候特征，使考生对宾川县的地形特征有一个感性的认识。其次材料以经纬网地图呈现宾川县的绝对地理位置，间接交代其所属气候类型和热量带。在区域示意图基础上，聚焦于宾川县，呈现其等高线地形图，通过等高线的数值和分布，使文字材料所提及的"高山"和"河谷"的地形特点定量化、直观化，为考生得出"山高谷深"的地形特点提供进一步的信息支撑。同时也强调了山地的占比，为推测耕地特征做铺垫。丰富的图文材料为考生解答问题提供了充足的地理信息，降低了考生的入题门槛，指向考生迅速有效地获取有价值信息的能力，以及运用所学对信息进行再加工的能力。

运用正确的地理观点，全面阐述或评价地理科学问题与生活地理问题。

地理观点是分析、处理和解决地理问题的根本方法，是对地理规律的理性认识，正确的地理观点是探讨、评价地理问题的基础，也是地理学科核心素养形成的重要支撑。地理试题的情境素材主要来源于地理科学问题与生活地理问题两类，本项考查路径要求考生阐释地理问题时需要以正确的地理观点为指导，对地理特征、过程与联系问题进行阐释与评价，要求考生具备从可持续发展观、人地协调观、因地制宜观等地理观点探讨与评价地理问题的能力。

【2016全国Ⅱ卷】

罗讷河发源于瑞士境内的冰川，在法国境内的流域面积占流域总面积的94%，历史上曾是一条"野性"河流，经常洪水泛滥。19世纪以来，法国对罗讷河进行多次整治，并于1931年成立“国立罗讷河公司”，作为罗讷河综合整治和开发的唯一授权机构。图3-13示意罗讷河流域的地形。

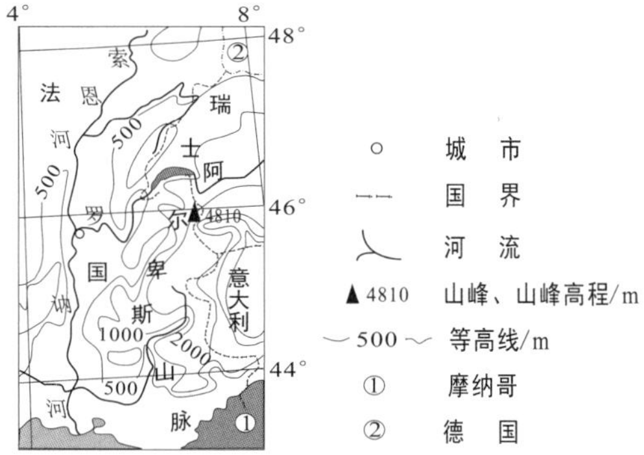

图3-13

(1)分别指出罗讷河上游(瑞士境内)、北部支流(索恩河)和地中海沿岸支流径流量的季节变化。

(2)表3-2列出罗讷河整治不同阶段的主要措施。请在下列整治和开发目标中进行选择，完成表3-2。

整治和开发目标：防洪　改善水质　发电　增加生物多样性　土地开发　开采河沙　改善航运条件

表3-2

阶段	时间	主要措施	主要整治和开发目标
第一阶段	19世纪40年代至20世纪20年代	整治河道，裁弯取直，消除河道分汊。	①________、________。
第二阶段	20世纪20—80年代	进行梯级开发，整理河谷滩地等。	②________、________、________。
第三阶段	20世纪90年代以来	恢复弯曲河道及河道分汊。	恢复河流生态

(3)说明“恢复弯曲河道及河道分汊”对恢复河流生态的作用。

【答案要点】

(1)上游(瑞士境内)：有春汛，夏季径流量大，冬季为枯水期。北部支流(索恩河):全年径流量比较稳定,无明显枯水期。地中海沿岸支流:夏季为枯水期,冬季为丰水期。

(2)①改善航运条件、防洪②发电、改善航运条件、土地开发(防洪)

(3)恢复河流的自然状态(自然河道、沿岸湿地等),扩展河道宽度,延长河流长度,降低河流流速和洪水峰值;恢复河流生态系统,增加生物多样性;增强河流的自然生产力和对污染的净化能力。

【说明】

1.考查内容

地理学科考查的核心价值主要体现为人地协调观,它是人们对人地关系应秉持的正确的价值观。对罗讷河治理历史的了解和评价,有助于考生认识人地关系思想的演变。

人们对罗讷河的治理经历了被动适应自然、主动改造自然和追求人地协调三个阶段。罗讷河流域的气候特点叠加地形特征,导致该河经常洪水泛滥。在生产力比较落后时,沿河人民通过躲避、搬迁等方式避开河流之害,被动适应自然,以满足生存为主要目标。随着生产力的不断发展,人类改造自然的能力不断加强。为了推动社会经济的快速发展,人类开始主动改造自然,改变河道形态、开发梯级电站等。但是随着人类改造自然的广度和强度不断增大,流域的生态环境遭到了破坏,生物多样性锐减。人们开始主动调整自己的行为,注重河流的生态效益,追求人与自然协调发展。

在不同历史阶段,人们治理罗讷河行为不断变化,但不论哪一阶段,人们都秉持着因地(时)制宜的观念,因此在一定程度上促进了社会的发展。每一阶段的发展目标,都与当时的社会需求和生产力水平相适应,因此都有其合理性。但是,自然地理环境具有整体性和差异性,对自然的改造和利用,要基于对自然规律的充分了解,要综合考虑短期利益和长期利益、区域利益和区际利益,追求可持续发展。

2.考查要求

试题以法国罗讷河整治设置情境，要求考生在人地协调观、因地制宜观等地理观念的引导下，正确认识不同阶段，人类对罗讷河流域的综合开发与治理。

试题要求考生必须理解径流量、流域、湿地等基本概念的内涵和外延，明确欧洲气候的分布规律及其影响，掌握流域综合开发的条件、基本内容和综合治理措施等必备知识，检验考生的地理学科基础。

对必备知识的调取和运用，可检测考生的综合思维能力。在分析罗讷河径流季节变化的原因时，要求考生根据获取的地图信息推知不同河段流经的气候区，结合自然环境的整体性，将降水与河流径流两大要素综合考虑，认识到罗讷河进行治理的自然原因。在匹配罗讷河治理各历史阶段的主要措施及其目标时，要求考生运用因地制宜观，对河道形态、水文变化与整治措施进行匹配与效益关联分析，将主要措施、主要整治和开发目标作为一个系统综合考虑。探索“恢复弯曲河道及河流分汊”措施对恢复河流生态目标的作用，着眼于人类对河流治理的最新阶段，考生需要理性、辩证、科学看待不同历史阶段的人类行为，进而认识人地关系思想的进步。

3.考查载体

试题以地区尺度的罗讷河整治问题创设生活实践情境。通过经纬网和等高线等提供了判断罗讷河气候条件、补给类型、水文特征的隐含信息，通过文字提供了罗讷河的源头、流域面积、“野性”特征以及整治历史。试题的材料信息和设问从整治罗讷河的自然原因，到整治措施与开发目标，再到现阶段恢复河流生态，完整地介绍了不同时期人类对待自然采取的不同措施，其中蕴含着人地思想的演变历程。通过试题引导，让考生意识到每一阶段的发展目标，都与当时的生产力水平相适应，都有其合理性，正确认识自然开发与自然保护之间的关系。

为了让考生快速、准确、清晰地获取罗讷河治理各历史阶段的主要措施和目标，试题创新地采用了表格呈现的方式，为考生如何处理、展示繁多地理信息提供了示范。对不同阶段治理目标的分析采用选择的方式，引导考生摆脱过度依赖记忆而转向注重依据地理原理、规律等综合分析的学习方式，这也是运用正确的地理观点阐述、评价各种地理问题的必由之路。

3.3.3 论证和探讨地理问题

论证和探讨地理问题要求考生综合运用已有地理知识和方法，根据试题的情境材料论证地理问题，对地理现象与问题形成自己的判断与观点。论证和探讨地理问题是引用证据或资料来支持自己或反对他人观点、意见或结论的过程。论证和探讨地理问题是考查地理学科关键能力的重要路径。

基于地理原理与规律，发现具有科学精神与创新意识的地理问题。

发现地理问题是论证与探讨地理问题的前提，考查高中生发现地理问题的能力是培养学生科学精神和创新意识的重要途径。本项关键能力要求考生运用地理基本原理与规律，综合相关学科知识与方法，从地理学的视角发现具有科学精神与创新意识的地理问题。本项考查路径意在培养学生的地理科学素养与高阶思维能力。要求考生在获取与解读试题信息的基础之上，结合所学地理知识，对于提出的地理问题做出合理的判断，提出解释相关地理问题的独到观点，面对开放性地理问题时能够依据地理观点提出自己的主张，针对争议提出意见，论证并能够运用地理学科术语准确地表述自己所持的问题观点。

【2016全国III卷】

一位被热带雨林风光吸引的游客从马瑙斯出发，乘船沿内格罗河(图3-14)溯源而上，见两岸植被繁茂，河上很少有桥。行至内格罗河与布朗库河交汇处，发现两条河流的河水因颜色迥异，呈一黑黄分明的界线，景色令人震撼。船继续前行，岸边的沼泽渐渐映入眼帘……当晚他查阅资料，得知内格罗河河水因富含腐殖质，颜色乌黑，而布朗库河因含大量泥沙而呈黄色。

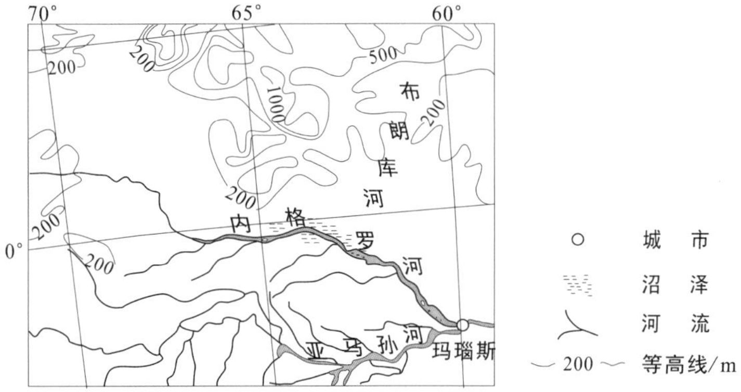

图3-14

(1)分析内格罗河河水富含腐殖质但泥沙含量少的原因。

(2)试对“河上很少有桥”这一现象作出合理解释。

(3)你是否赞同在该地区拓展旅游观光业？请表明态度并说明理由。

【答案要点】

(1)气温高，湿度大(降水多)，生物量大，在沼泽形成大量腐殖质。地处平原，地势低平，河流流速慢，多沼泽，泥沙沉积。

(2)人口稀少，跨河运输需求小；水网稠密，水运便利；河面宽，水量大，长时间洪水，修路搭桥成本高，技术难度大，对雨林环境破坏大。

(3)赞同理由：热带雨林旅游资源独特，具有全球吸引力；旅游开发与运营成本低，经济效益好；增加当地就业，带动相关产业发展等。

不赞同理由：对热带雨林环境造成破坏，产生污染；对当地居民生活、文化等带来冲击；来自自然的威胁(疾病、野生动物袭击等)较大。

【说明】

1.考查内容

发现地理问题是培养学生科学素养和创新意识的重要途径。通常可分为两种方式,一种是科学研究逻辑内生的地理科学问题,一种是从现实环境中观察到的生活地理问题。对中学生而言,后者接触得更频繁。内格罗河"河水富含腐殖质但泥沙含量少""河上很少有桥"就是一位游客在旅行中发现的两个地理问题。考生通过论证和探讨其原因,能够体悟科学精神与创新意识的现实表现。

对比分析是发现生活地理问题的重要方式。内格罗河河水富含腐殖质但泥沙含量少,是基于和布朗库河特征的对比;河上很少有桥,也是基于该区域各种交通方式的对比。这一素养的形成要求学生能够进行较为系统的观察或调查,获取和处理复杂的地理信息。

辩证思维是论证地理问题观点的重要方法。立场不同、目标不同,持有的观点就会不同。地理观点是学生地理价值观的体现,是其长期学习形成的必备知识、关键能力和学科素养的综合表征。对开放性问题表明自己的观点并进行科学论证是最高阶的思维要求。学生要想较全面地评析某一决策的得失,就需要从不同角度理性地看待问题。根据学生提出的论据是否充足,论据之间的主次是否分明,论据呈现的逻辑是否科学,能够判别其认识水平的高低。

2.考查要求

试题以亚马孙河左岸最大支流内格罗河为主线,从自然地理、人文地理、旅游开发等角度设问,考生需要具备良好的区域地理背景知识,以及气象气候、水文地理、植物地理、旅游地理等地理基础,才能构建试题答案的逻辑。试题还着重考查从图文材料中获取和解读地理信息,并将其与已有地理原理与规律进行匹配,然后找到解决问题的突破口。

试题要求考生在明确沼泽、含沙量等基本概念的基础上，结合示意图，推测内格罗河流域的地形特征，考查了地形对流速影响、河流作用与流速的关系等基本规律。通过对热带雨林的解读，考生需要明确热带雨林分布区的气候特征，并从中提取气温、降水等要素特征。

分析内格罗河河水富含腐殖质但泥沙含量少的原因时，考生需要理解腐殖质生成和泥沙产生需要的环境特征，从图文材料中直接或间接获取多沼泽、地形平坦、生物量大等信息，综合思考该区域气候、水文、地形、生物、土壤等要素的关联。解释内格罗河河上很少有桥的现象，考生需要从自然和人文两个角度全面论证。从区域认知的角度出发，提取出该区域的气候、水文、水系、人口、产业等要素特征。并依据自然环境的整体性，综合归纳出热带雨林区水网密布、径流量大、河面宽等自然特征，以及人口稀少等人文特征。最后从修桥的必要性和可行性角度，结合该区域实际情况进行分析，呈现思维过程。

是否赞同在该地区拓展旅游观光业，属于开放性试题。要求考生提出自己的观点并进行论证，属于最高阶的能力水平要求。无论考生持何方观点，都要明确立场、目标、有利和不利影响等，而且必须抓准论据和论点之间的逻辑。区域发展要因地制宜，立场不同、目标不同，就会选择不同的发展方式。考生需要对该区域发展的短期利益与长期利益、经济效益与生态效益进行权衡思考。认识到对区域决策全面评估面临的不是对错的问题，更多是利益调和的问题。

3.考查载体

试题情境看似是熟悉的热带雨林，但材料呈现内容与考查视角又跳出了常规的热带雨林，聚焦河流的颜色和河上桥梁数量特征，设问与组织巧妙。试题通过详细描述一位游客沿途观察到的地理事物和现象，创设生活实践情境。但当这位游客通过观察发现不同区域环境差异，并主动探究其原因时，情境逐渐向学习探索转变，为学生展示了地理研究的一种常见范式。通过实地考察发现问题、提出问题，通过文献查阅、逻辑推理等分析问题、论证问题、解决问题，这也是地理实践力的生动展现。当然，如果要切实解决该地理问题，还需要更长时间采样监测、社会调查、数据采集、科学评估等，有利于培养学生的科学精神，并发掘自身的科研潜质。

整合学科知识与方法，提出充分的论据论证和探讨地理问题

运用所学地理知识论证和探讨地理问题，是学生地理学习的最高水平表现。论证地理问题的基本要求是运用地理一般法则说明特殊性描述问题。地理基础知识、基本原理与规律是论证地理问题的基础。本项关键能力要求考生运用所学地理知识和试题材料信息，整合学科知识与方法，陈述说明自己所持问题观点的理由，找出支撑问题观点的充分论据，指出证据、理由支持自己的观点。论证和探讨地理问题的过程，需要考生积极调动已有的地理知识与方法，搜集整理与问题观点相一致的论据，整合筛选出回答问题必要的内容要点，并注重分析论据之间的关系，基于论据进行推理，进而依据地理学科知识与方法，运用地理原理与规律对相关地理问题进行充分论证或深入探究，从而形成合乎学科逻辑、客观理性的结论。

运用科学的语言、正确的逻辑，表达论证和探讨地理问题的过程与结论

表达论证和探讨地理问题的过程与结论是论证和探讨地理问题的最终阶段，表达的过程也是重新梳理问题、问题再认识的过程。本项考查路径要求考生在理解地理问题的基础上，能够运用学科术语对相关地理问题的认识进行表述，阐明论证和探讨地理问题的过程，逻辑清晰地表达论证与探讨地理问题的最终结论。论证和探讨地理问题需要关注两点：其一，对地理学科知识总体把握的程度；其二，论述要点组织的逻辑性和层次性。论证和探讨地理问题过程和结论的文字表达要求用词准确、语义通顺、表述简洁，符合学科术语规范和语言文字使用标准。表述的内容要求条理清

晰,层次分明,关注地理事物之间的关系,符合地理学科逻辑。

【2013课标乙】

36.阅读图文资料,完成下列要求。

居住在成都的小明和小亮在“寻找最佳避寒地”的课外研究中发现,有“百里钢城”之称的攀枝花1月平均气温达13.6℃(昆明为7.7℃,成都为5.5℃),是长江流域冬季的“温暖之都”。图3-15示意攀枝花在我国西南地区的位置,图3-16示意攀枝花周边地形。

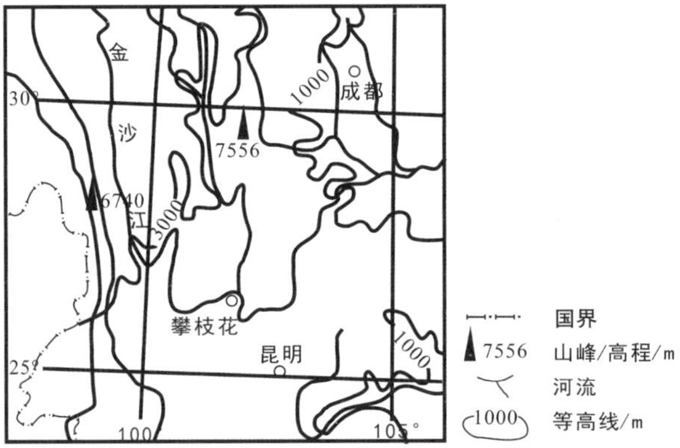

图3-15

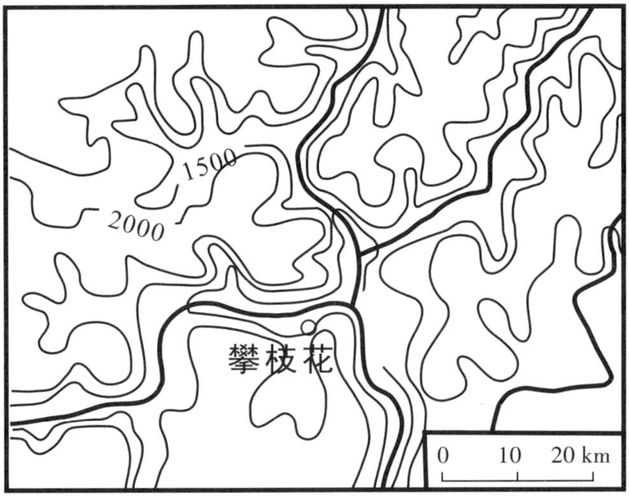

图3-16

(1)分析攀枝花1月份平均气温较高的原因。

(2)推测攀枝花1月份的天气特征。

(3)小明建议把攀枝花打造成“避寒之都”,吸引人们冬季来此度假。小亮则从空气质量的角度提出质疑。试为小亮的质疑提供论据。

【答案】

(1)因地形阻挡,冬季受北方冷空气(寒潮)影响较小;位于河流(金沙江)谷地,山高谷深,盛行下沉气流,气流在下沉过程中增温。

(2)多晴天、少云雨,风力弱,气温较高、较稳定(波动小)。

(3)论据:钢铁工业以及其他工业、城市交通等排放大量废气;(山高谷深)地形相对封闭,下沉气流空气稳定(易出现逆温),不利于空气中污染物的扩散。(因此,空气质量可能不佳,不适宜度假。)

【说明】

1.考查内容

运用所学地理知识论证和探讨地理问题,是学生地理学习的最高水平表现之一。论证问题基本的要求是要用确切、已知的事物或者规律来说明尚不明确、未知的问题。[①]主要考查考生在获取和解读地理信息,描述和阐释地理事物的基础上,整合所学的地理基本原理、基本概念和基本规律等,运用判断、归纳、演绎、比较、概括等方法论证问题,提出充分的理由和论据的能力。在文字表达方面要求考生用词准确、语义通顺、表述简洁,运用正确的逻辑表达论证的过程和结论。主要考查考生对地理术语的记忆和理解程度、语言文字表达能力以及理解并描述、概括各地理事物的空间结构、联系,以及发展变化过程的能力。

攀枝花市地处攀西裂谷中南段,由于北部、西部、东部有高大山脉,阻挡了来自亚欧大陆北部寒冷的偏北风。其次谷地与周边山地相对高度达

① 张亚南.地理学科考核能力要求解读[J].地理教育,2005(05):4-7.

数百米，高差较大，根据垂直递减率的相关知识可知气流在下沉过程中，温度会增加。由于冬季地面温度较低，气流下沉增温易形成逆温层。受冷空气影响小是重要前提，同时受气流下沉增温影响，因此与纬度较高但海拔较低的成都，以及纬度较低且被称为“春城”的昆明相比，攀枝花1月平均气温都较高。在表达结论时，需要按照上述逻辑，运用地形阻挡、寒冷空气、山高谷深、下沉气流等地理基础语言简洁清晰阐述。

2.考查要求

本题围绕攀枝花市1月份平均气温、天气状况、空气质量展开设问，要求考生在获取文字资料和判读等高线地形图的基础上，结合所学影响气温高低的因素、天气状况、大气污染的成因等方面的知识进行分析和推断，侧重基础性、综合性、创新性的考查要求。

分析攀枝花市1月气温较高的原因，要求考生掌握气温、谷地、等高线、气温垂直递减率等基本概念，具备判读等高线地形图的基本能力，同时要求考生利用焚风效应、气流下沉增温等基本原理与过程和气温的影响因素等基础知识进行分析。结合大气环流基本知识，明确我国陆地冬季会受到来自亚欧大陆北部寒冷空气的影响。其次要求考生通过分析地图获取攀枝花市的地形特征为山高谷深等有效信息。最后将获取与解读的地理信息进行提炼与整合，明确攀枝花成为“温暖之都”的原因首先是周围高山存在，阻挡了冬季的寒冷空气，其次是地形山高谷深，且位于山体的背风坡，气流下沉增温。揭示了攀枝花1月平均气温高与地形、大气运动之间的复杂关系。

考查考生的科学和创新精神在题目中是围绕“关于攀枝花是否适合打造成避寒之都”这一地理问题展开的。仅从气温角度考虑，与昆明和成都相比，攀枝花市1月平均气温较高，适合打造为“避寒之都”，但从空气质量角度考虑则有不同的结论。通过收集试题材料信息可知，攀枝花是“百里钢城”，以钢铁工业为主，其废气排放量较大；将攀枝花市地形特征和逆温相关知识进行综合分析，可知该地山高谷深、气流下沉、风力较小且由于逆温层的存在，不利于空气中污染物的扩散，两者共同作用会使攀枝花市空气质量较差。启发考生论证与探讨地理问题时，应从多方面进行考虑，有利于培养考生辩证思维和质疑精神。同时也有利于引导考生观察生活中地理现象，发现地理问题，鼓励考生灵活运用所学地理知识分析地理问题，提出充分论据或表达自己的独特见解。

3.考查载体

试题围绕小明和小亮“寻找最佳避寒地”的课外研究展开，并将研究范围控制在长江流域。通过文字给出了攀枝花市的气温资料，将攀枝花的气温与成都、昆明进行了对比。通过攀枝花在我国西南地区的位置图和周边地形图，在宏观上呈现了攀枝花市的相对位置，在微观上呈现了地形特征，为分析攀枝花市1月份平均气温较高这一地理现象提供较为丰富的信息，鼓励考生利用所学的地理知识、地图工具分析地理现象产生的原因，为考生创设了全景型的学习探索情境。同时以开放的设问方法，引导考生从气温和空气质量的角度思考攀枝花市是否适合打造成为“避寒之都”这一地理问题，有利于培养考生的质疑精神和创新精神，使考生的思维更加开阔，促进考生高阶思维能力的发展，也是培养考生地理实践力的一种途径。近年来，攀枝花市充分利用当地自然条件和资源，通过“康养+”推动产业升级，成了真正的“避寒之都”，使试题成为具有前瞻性和创新性的实证。

3.4 必备知识评价案例解读

“必备知识”是指考生面对复杂问题情境时，为了有效地认识问题、分析问题、解决问题所必须具备的知识。它是由学科的基本事实、基本概念、基本技术与基本原理组成的基本知识结构体系，是培养能力、养成素养的基础，也是地理教育测量与评价的立足点。

高中地理课程标准中所涉及的基本知识与技能，以及学习和探究地理问题的基本方法和技术手段，都是地理学科考查的必备知识内容；地球与地图、世界地理、中国地理等义务教育地理课程内容是高中地理课程内容的基础和载体，也是地理学科考试必然要涉及的知识内容。

考虑学生的认知发展水平、国家对学生培养的需求，将必备知识按地理位置、地理分布、地理特征、地理过程、地理联系等任务主题组织，可有效避免孤立的、过细的知识点考查。

3.4.1 地理位置

地理位置，即地理事物和现象相对于其参照物的方位、距离、邻接等空间关系。不同地理事物和现象因所处的地理位置，通过物质迁移、能量交换与信息传递，形成地球表面各种地理事象的分布和模式。自然地理环境与社会经济活动的变化及其作用机制，区域间自然地理特征的差异和区际联系等，都与其所处的地理位置密切相关。因此，认识地理位置是理解地方、国家和全球相互依存关系的前提，也是认识地理分布、地理特征、地理过程、地理联系的基础。

【2019全国Ⅳ卷】

有着“东方好望角”之称的某沿海小镇，迎接了中国大陆新千年的第一缕曙光。这里房屋、道路依地势而建。在方圆四五平方千米的山坳里，房屋多用石块砌成，屋顶瓦片也多压着石块，形成“屋咬山，山抱屋”的石砌建筑群（图3-17）。据此完成1～2题。

图3-17

1.该镇位于

A.海南省　B.广东省　C.浙江省　D.山东省

2.该镇石砌建筑主要是为了抵御

A.寒潮　B.台风　C.泥石流　D.冰雹

【答案】

1.C　2.B

【说明】

1.考查内容

《地理教育国际宪章》指出，认识人和地方的位置是理解本地、区域、国家和全球的相互依存关系的前提[①]；学生学习地理，通常也是先通过准确的空间定位将思考对象置于一个特定区域内，继而以此为逻辑起点去认识地理现象和事物的依存关系以及它们的分布与变化规律。[②]

一个区域的地理位置可主要从“地理位置的描述、影响和评价”三个维度进行分析和认识。地理位置的描述要借助一定的、能凸显区域位置地理意义的参照物，通常从距离、方位、可接近性等不同角度去分析概括这种位置关系。地理位置是阐述区域特征的出发点，位置不同充填其内的内容和内容的组织不同，进而产生相应的区域差异。结合区域的位置特点，可以概括区域的特征。

试题的原型是浙江省温岭市石塘镇，其独特的数理位置（28°16′N，121°35′E），使其成为1月1日晨昏线与我国陆地轮廓触碰的第一个点，中国大陆新千年第一缕曙光的照耀之处。该地位于我国东部沿海地区，房屋建筑材料以石块为主，多建在山坳里，屋顶瓦片也多压着石块。当地人多以石头作为建材，不单因为此地山丘多石，更重要的是石砌建筑不仅可以抵挡海洋潮湿气体的侵蚀和夏季猛烈的台风，还能帮助当地渔民很好地抵御倭寇和海盗。以往石屋在当地人心里是落后、贫穷的象征，随后，当地政府专门出台了保护政策并进行了合理开发，使得当地石砌建筑重焕生机。

2.考查要求

试题围绕某沿海小镇所处省份以及当地常见自然灾害展开设问，要求考生能够通过阅读文字材料获取该地房屋特征，同时调用所学的中国地理行政区划、自然灾害相关知识，将该地房屋特征与自然灾害结合，落实基础性、综合性的考查要求。

第（1）小题要求考生明确各省级行政单元在我国的地理位置以及各省

---

① 冯以浤.地理教育国际宪章[J].地理学报，1993(04)：289-296.

② 徐雪，袁孝亭.认识地理位置的方法论及其对地理教学的指向性要求[J].课程·教材·教法，2014(03)：61-66.

级行政单元之间的相对位置，并通过阅读文字材料获取该地为新千年1月1日晨昏线与我国陆地轮廓触碰的第一个点等有效信息。同时要求考生根据所学的太阳直射点在南北回归线之间的运动规律以及晨昏线所在平面与赤道面的夹角随太阳直射点的运动而发生变化的规律，分析太阳直射点的位置以及晨昏线所在平面与赤道面的夹角变化，综合判断出1月1日时我国相同经度地区纬度位置越偏南，越早跨越晨线越先看到阳光。

第(2)小题要求考生明确寒潮、台风、泥石流以及冰雹的基本概念，根据灾害成因条件推断这些灾害在我国的分布状况、发生频率以及对生产生活的影响。该地位于我国东部沿海地区，冰雹发生率较低，房屋屋顶瓦片虽用石头压着，也不能阻挡冰雹对房屋的破坏；寒潮爆发时会造成气温急剧下降，石砌建筑保温作用不显著，不能抵御寒潮灾害；虽然沿海地区夏季暴雨频发，但当地松散物质较少，泥石流应较少发生；台风是我国东部沿海地区常见的自然灾害。该地房屋多建在山坳里，有利于避风；屋顶瓦片压着石块，可防止强风将瓦片吹走，石砌建筑材料以石块为主，重量较大，有利于抵御台风灾害。本题启发考生主动观察周围环境条件，灵活运用所学的相关地理知识，思考周围环境条件与自然环境地理要素之间的联系，从区域的角度分析和认识地理环境以及与人类活动的关系。

3.考查载体

“曙光首照地，东方好望角”这是十几年前时任浙江省委书记的习近平同志来温岭市石塘镇实地考察时给予的评语。石塘镇三面环海，石屋、石街、石巷、石阶随地势升降，错落有致，形成“屋咬山，山抱屋”之势，独具特色。石屋建筑类型众多，涵盖生活、生产、商业建筑和宗教建筑等，是当地难得的物质文化遗产，也是人类与自然地理环境和谐相处的表现。

本题通过文字材料将试题所涉及的背景浙江省温岭市石塘镇新千年元旦时接收我国陆地的“第一缕曙光”以及该镇房屋建筑所呈现的特征等相关信息进行了较为详尽的阐述，并通过图片给出了该镇房屋的实际情况，创设了真实的生活实践情境。设问要求考生分析该地所处省份以及通过房屋特征反推常见自然灾害，引导考生关注现实情境下的地理问题，从地理的视角去欣赏美景、理解美景，有利于培养考生发现美和欣赏美的素养，彰显地理学科的美学价值。

3.4.2 地理分布

地理分布是指各种地理事物和现象在地球表层的空间展布范围和空间排列状态。地理事物和现象分布的位置、范围与空间排列状态等，是探讨其发生机制、演变过程与影响因素的基础。

【2011年海南卷】

23．读图3-18并结合所学知识，简述图示地区东南部城市密集的原因。

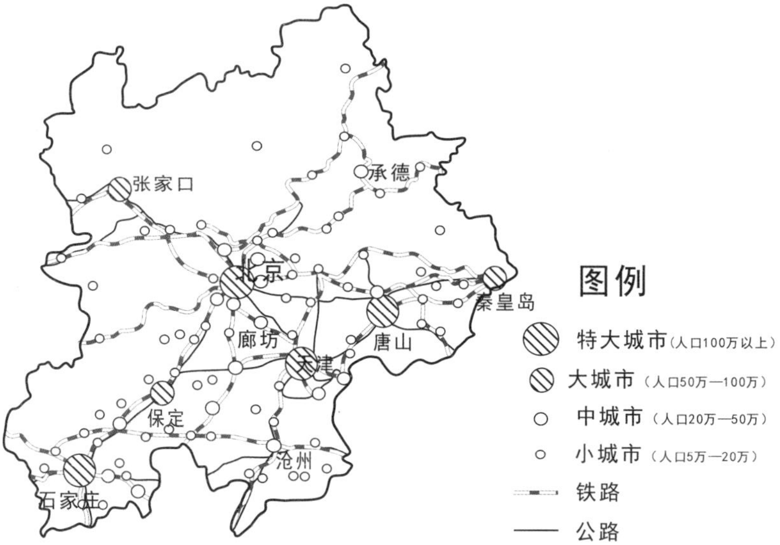

图3-18

【答案】

临海、地形平坦(为平原)、交通发达、经济发展水平高、人口稠密、大城市辐射带动作用强、政策支持等。

【说明】

1.考查内容

地理分布主要指地理事物和现象分布的位置、范围与空间排列状态。位置主要包括其数理位置、自然地理位置和人文地理位置,如京津冀城市群位于我国东北地区环渤海心脏地带,范围大致为36°N～42.5°N,111°E～120°E,主要包括北京、天津两个直辖市及河北省的石家庄、唐山、秦皇岛、保定等城市;空间排列状态主要指地理事物或现象在确定位置和范围内表现出的空间组织形式。京津冀地区西北部的坝上高原、燕山和太行山区、黑龙港流域地势起伏大,沙化、盐渍化影响较大,城市发展缓慢,城镇数量较少。东南部地形平坦,交通发达,中小城镇分布密集,主要环绕北京、天津两大直辖市以及石家庄、唐山、保定、邯郸等区域的主要中心城市分布,密集于京广、京九、京哈线两侧。北京是其中主要交通轴的中心节点和最大的中心城市,也反映了京津冀区域中小城镇的空间排列状态呈现以北京为中心的强向心集聚形态。①

2.考查要求

本题以京津冀地区城市空间排列状态为切入点,要求考生关注影响城市集聚的主要因素,分析各因素与城市分布状态之间的关系,侧重基础性和综合性的考查要求。

分析该地区东南部城市密集的原因,要求考生结合所学区域地理基础知识,调动和运用京津冀地区的位置、地形、经济发展水平等地理要素的特

① 陈红霞,李国平,张丹.京津冀区域空间格局及其优化整合分析[J].城市发展研究,2011(11):74-79.

征，并根据地图材料，获得该地区城市集中于东南部，且围绕北京、天津等特大城市，沿着交通线分布等关键信息；同时要求考生掌握影响城市集聚的因素、城市规模等基本知识，将该地区的城市分布状态与城市集聚的因素进行综合分析。京津冀东南部地区位于华北平原，地形平坦，利于城市建设；临近海洋，公路、铁路纵横交错，交通发达；有北京、唐山、天津、石家庄等特大城市以及保定、秦皇岛等大城市，经济发展水平高，对周边地区的辐射带动作用强；政府施行京津冀协同发展战略，对该区域有较好的政策支持，揭示了京津冀地区城市空间排列状态与当地自然、人文地理要素之间的联系。

3.考查载体

京津冀城市群是我国政治、经济、文化与科技的多位中心。本题通过地图材料将京津冀这一地区尺度的城市空间排列状态和铁路、公路网的分布特征等相关信息进行较为详尽的阐述，为考生创设了全景型的学习探索情境。通过分析地图材料可知京津冀地区空间排列状态主要表现为西北部城市较稀疏，东南部城市较密集且以北京天津为主要核心。在这样的空间排列状态下，北京、天津“双核”的龙头和辐射作用未能真正发挥，区域经济的不同步性、城市群的空间联系不紧密均严重限制了区域经济的协调发展[①]，因此京津冀协同发展尤为重要。本题有利于引导考生关注国家经济社会发展，鼓励考生灵活运用所学知识分析和思考城市发展相关问题。

3.4.3地理特征

地理特征即地理事物和现象存在的显著征象和标志。地理特征主要包括地理要素特征、区域特征等。找出地理要素的显著征象和标志，将其综合整理，即为该地理要素的特征；在一定区域范围内，综合各自然地理要

① 吴群刚，杨开忠.关于京津冀区域一体化发展的思考[J].城市问题，2010(1)：11－16.

素的显著征象和标志即为该区域的自然地理特征；综合各人文地理要素的显著征象和标志即为该区域的人文地理特征；将自然与人文地理特征综合即可得到该区域的区域特征。认识地理特征是理解人地关系的基础。

【2017年全国Ⅱ卷】

洪积扇是河流、沟谷的洪水流出山口进入平坦地区后，因坡度骤减，水流搬运能力降低，碎屑物质堆积而形成的扇形堆积体。图3-19示意贺兰山东麓洪积扇的分布，除甲地洪积扇外，其余洪积扇堆积物均以砾石为主。贺兰山东麓南部大多数洪积扇耕地较少，且耕地主要分布在洪积扇边缘。据此完成1～3题。

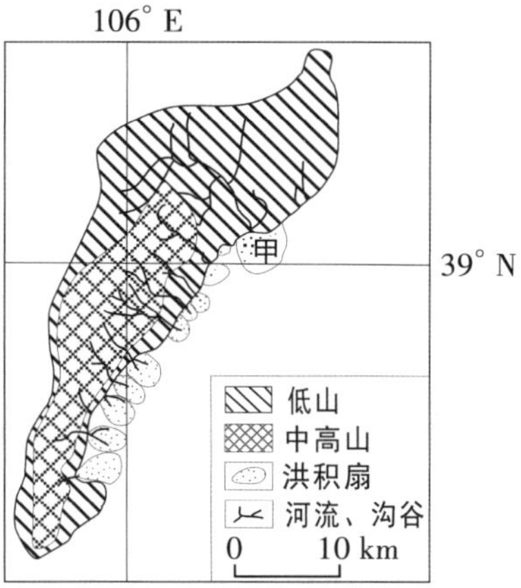

图3-19

1.贺兰山东麓洪积扇集中连片分布的主要原因是贺兰山东坡

A.坡度和缓　　　B.岩石裸露

C.河流、沟谷众多　　　D.降水集中

2.与其他洪积扇相比，甲地洪积扇堆积物中砾石较少的原因主要是

①降水较少　　　②山地相对高度较小

③河流较长　　　④风化物粒径较小

A.①②　　B.②③　　C.③④　　D.①④

3. 贺兰山东麓南部大多数洪积扇耕地较少的主要原因是

A. 海拔较高　　　　B. 土层浅薄

C. 光照不足　　　　D. 水源缺乏

【答案】

1. C　　2. B　　3. B

【说明】

1. 考查内容

科学理解人地关系需要正确认识地理特征，关注地理事物和现象的显著征象和标志。冲（洪）积扇作为一种地理事物，其独特的征象和标志主要为：分布在河流、沟谷的洪水流出山口，堆积体呈扇形。受水文特征、气候因素、物质来源、堆积区地形条件等因素的影响，冲（洪）积扇的组成物质和面积大小会呈现不同特征。

试题对地理特征的考查聚焦于特定区域内地理事物特征的自然要素构成及其综合影响。贺兰山东麓是我国冲（洪）积扇发育比较典型的地区之一。处于干旱半干旱气候过渡区的贺兰山，以物理风化为主，风化物多为砾石，物源丰富。贺兰山南段中高山区山地相对高度较大且河流较短，河流比降大，较多的重力势能转化为动能，搬运能力强，能搬运较大颗粒物质；同时，该区域河流流域面积较小，流量较小，搬运距离短，河流流出山口后，能量散失快，不同粒径物质同时堆积，冲（洪）积扇组成物质分选较差，以砂砾石等大颗粒物质为主。北段低山区山体相对高度较小且河流较长，河流比降小，重力势能小因而动能也小，搬运能力弱；且河流流域面积较大，流量较大，搬运距离长，大颗粒物质逐渐在上游沉积，中小颗粒被河流搬运到出山口堆积，形成的冲（洪）积扇组成物质分选较好，以砂、粉砂和土质为主。[①]

① 莫多闻，朱忠礼，万林义. 贺兰山东麓冲积扇发育特征[J]. 北京大学学报(自然科学版)，1999(06)：91-98.

2.考查要求

试题关注同一山地相同气候条件下，山前冲(洪)积扇的分布特征与地势高差、河流流量之间的关系。以贺兰山东麓冲(洪)积扇为素材，考查地理事物的特征及其影响因素，以及地理事物和人类活动之间的关系，侧重基础性、综合性和应用性的考查要求。

分析贺兰山东麓冲(洪)积扇集中连片分布的原因，要求考生掌握河流、沟谷等基本概念，外力作用对地表形态的塑造等基本知识。贺兰山北部冲(洪)积扇堆积物中砾石较少的原因解析则要求考生明确流水地貌、风化作用、相对高度等基本概念，具备读图获取甲地相对高度较小等有效信息的能力，调动流水搬运、沉积作用等基本知识。而贺兰山东麓冲(洪)积扇南部耕地较少的原因回答要求考生掌握农业区位因素相关知识，基础性的考查要求突出。

贺兰山东麓北部堆积扇中砾石较少这一地理特征的分析首先要求考生根据已学区域地理相关知识，明确贺兰山位于干旱半干旱过渡区，具有降水变率大、物理风化作用强烈等特征，因此季节性流水活动强度大，冲(洪)积扇堆积广；在此基础上考生需要具备从地图中获取贺兰山东麓南部与北部地势高差不同、河流长短流量不同等有效信息的关键能力，从物质迁移的角度，运用流水搬运堆积过程中的基本规律，揭示甲地冲(洪)积扇堆积物中砾石较少这一现象与各地理要素之间的关系。认识自然环境特征对区域内人类活动的影响则要求考生明确贺兰山东麓冲(洪)积扇位于山前洪积平原，其水源、光照、海拔差异不大，南部冲(洪)积扇组成物质颗粒较大，与细颗粒物质相比，相同时间内粗颗粒物质较难发育成有肥力的、可供耕作的土壤，土层浅薄使得贺兰山东麓南部大多数冲(洪)积扇耕地较少，突出综合性与应用性的考查。

3.考查载体

本题通过文字材料将冲(洪)积扇的概念和形成过程、贺兰山东麓冲

(洪)积扇的分布特征、耕地情况进行了较为详尽的描述,并通过地图材料呈现了贺兰山东麓地形、河流的情况,为考生创设了全景型的学习探索情境。在问题链的设计中,由整个贺兰山东麓冲(洪)积扇发育的地理要素分析到南北冲(洪)积扇特征的比较研究,将考生的视角由整体转换到局部,继而从地理事物的自然特征与人类活动角度剖析区域人地关系特征(耕地分布),从而构成认识自然—利用/改造自然的完整链条。

3.4.4 地理过程

地理过程即地理事物和现象随时间推移而呈现的动态变化,涉及地理分布的变化、地理特征的形成和地理联系的发生,其核心是物质迁移和能量转换。相对于地理事物和现象在空间维度上的"横向"变化特征,地理过程强调地理事物和现象在时间维度上的"纵向"变化特征。地理事象在空间维度的分布格局和时间维度的动态变化是密不可分的,具体表现为格局影响过程、过程改变格局。

【2013年全国卷甲】

36.阅读图文资料,完成下列要求。

在湿润和半湿润地区的湖畔、河边和海滨,偶见规模较小的沙丘群。其形成的主要条件为所在地区沙源丰富、多风、植被稀疏。图3-20所示区域中,M处发育了规模较小的沙丘群;H县城附近是著名的风口,冬春季节风力尤为强劲;河流发源于黄土高原地区。

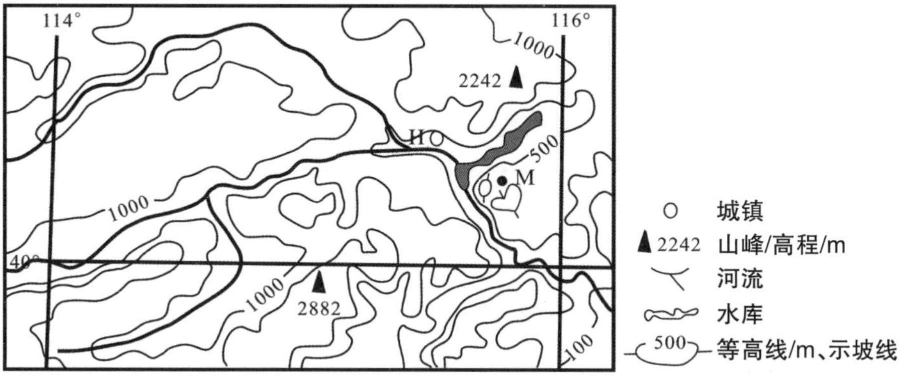

图3-20

(1)分析M处附近沙源较丰富的原因。

(2)分析H县城附近冬春季节风力强劲的原因。

(3)某课外活动小组的同学对M处的沙丘群规模是否会扩大产生了争论,形成了两种不同的观点。选择你支持的一种观点,为其提供论据。

观点A:M处沙丘群规模会扩大。

观点B:M处沙丘群规模不会扩大。

【答案】

(1)(M处附近的)河流从黄土高原携带大量泥沙,在河边、河床沉积;(河水水位季节变化大)枯水季节河床裸露;风沙在此沉积。

(2)冬春季节盛行西北季风(偏北风);河谷延伸方向与盛行风向基本一致;H县城附近为河谷交汇之地,(形成风口,导致狭管效应)。

(3)观点A:(M处沙丘群规模会扩大)

论据:该区域西临黄土高原,北临内蒙古高原,大风可将沙尘吹到此处;河流持续搬运泥沙;人类活动用水量增加,导致河床裸露期增长;风出风口后,在M地速度降低,风沙在此沉积。

观点B:(M处沙丘群规模不会扩大)

论据:位于半湿润区,降水较丰富,风沙发生季节短(主要发生在冬春季节)；河流源地及流经地区植树造林保持水土(使河流搬运的泥沙量减少)；沙源集中分布在河床与河边，面积较小，不足以形成面积较大的沙丘群；位于山区，附近有水库，沙丘群难以向周围扩展。

【说明】

1.考查内容

现代地貌景观是区域内各地理要素在“横向”综合作用，通过“纵向”历史演变形成的产物。地质基础和动力特征及演化是地貌分析的核心。河北怀来官厅水库地处半湿润气候区，岸边M处发育小规模沙丘群是河流冲积物受风力吹扬而成的，可分解为流水远距离输沙和风力就地起沙两个地理过程。通过考查M处附近沙源较丰富和H县城附近冬春季节风力强劲的原因，可检验考生对地理过程的理解水平。

永定河发源于黄土高原，由于黄土高原水土流失较为严重，因此河流侵蚀搬运大量的粉砂物质，含沙量大。当河流流入官厅水库时，流速变缓，搬运能力减弱，搬运的大量泥沙在库区沉积。日积月累，该区域的泥沙量越来越大。永定河流水的侵蚀、搬运、沉积作用，实现了泥沙从黄土高原到官厅水库的迁移。流水作用不断改变着泥沙在空间上的分布状况，使黄土高原与官厅水库产生了空间单元联系。试题涉及的区域风沙地貌形成和沉积物的堆积及分布是区域自然地理条件综合作用在时空维度的结果。

冬春季节，该地具有干旱且多大风的特点，库区裸露的泥沙为就地起沙过程提供了丰富的物质来源，强劲的西北风则提供了动力条件，二者在时间上基本同步。冬春季大气降水较少，河流、水库补给水源减少，流量减小，水位下降，进入枯水期。河边、库区泥沙沉积物大量裸露且缺乏植被保护，出现季节性沙化，增大了泥沙分布的空间范围。受蒙古—西伯利亚冷高压的影响，该区域冬春季节盛行西北季风。在H县城附近，风受到山脉的阻挡，与盛行风风向大致吻合的河谷成为盛行风的通道。在狭管效应作用下，风速变大，在县城附近形成“风口”。随着风速增大，动能增加，风力侵蚀搬运能力也逐渐增强。库区的裸露沉积物，在风力作用下向东南方向迁移，由于山的阻挡，风力减弱，动能减小，搬运能力减弱，粒径较大的沙粒在山前M处沉积，而粒径较小的粉粒物质则继续被风力搬运，迁移去更远的区域。随着侵蚀—堆积过程的不断发生，在M处逐渐发育形成了规模较小的沙丘群，改变了该区域的地貌格局。

2.考查要求

本题将M处沙丘群形成的地理过程分解为沙源、动力、发展三个方面进行问题链设计，逻辑性强，落实了基础性、综合性和创新性的考查。

通过图文材料分析M处附近沙源较丰富、H县城附近冬春季节风力强劲的原因，要求考生掌握外力作用对地表形态的塑造、温带季风气候的基本特征等必备知识，理解狭管效应的内涵，具备从等高线地形图中提取并解读地理信息的关键能力，引导考生夯实学科基础。

在分析推测沙丘群规模未来的演变方向时，要求考生根据地理环境整体性的基本规律，能够灵活利用题目给出的相关信息，分析地形的空间格局对风力作用的影响，综合气候、水文、人类活动等要素在时间维度的演变情况，科学地探讨地理问题并提出充分的论据论证。考生需要通过读图获取地形、河流、水库、沙丘群分布的空间位置等地理信息，并对各地理事物的空间格局有整体的理解。从题干的文字材料中获取湿润和半湿润地区小规模沙丘群分布的一般特征与形成条件，并进行迁移运用。

课外活动的争论设置具有极强的开放性，要求考生深刻理解就地起沙过程，地理过程的强度不同，形成的地貌形态就不同。题目中文字材料已经给出“沙源丰富、多风、植被稀疏”是形成沙丘群的主要条件，要求考生灵活运用。若赞成观点A则是结合一般规律与特殊区域进行正向思考；若赞成观点B则需要结合形成条件进行反向思考。不论考生持何方观点，都需要给出合理、有说服力的推测并能够进行周密的论证。两种观点，背后蕴含的地理原理都是一致的，考生需要从题干中找到相关信息支撑论点，要求考生具备运用正向和逆向思维论证和探讨地理问题以及推演地理过程的能力，有利于考生创新精神的培养。

3.考查载体

本试题通过文字直接给出湿润和半湿润区存在沙丘群分布现象和形成条件的新知识，通过文字和等高线地形图呈现H县城附近的地形、水文、气候等自然地理要素格局，营造了一个学习探索情境。

在湿润和半湿润地区上，外营力以流水作用为主，但在地方尺度上，也会出现以风力作用为主的情况，体现了地理环境的隐域性规律。图示区域的地带性植被为温带落叶阔叶林带，但是对于M地而言，由于冬春季节沙源丰富、多风、植被稀疏，发育了小规模的沙丘群，形成局域分布的风沙地貌景观。受控于更大尺度的湿润和半湿润的气候条件，该地的风沙地表景观又具有季节变异大的非地带性现象，干季、多风季节表现较为明显，但在多雨、少风季节便不显著。从较长时间尺度来看，若冬春季节的风沙活动强烈，沙丘群的规模可能会不断扩大；若采取积极合理的措施，改变冬春季就地起沙的物质或动力条件，能够有效防止沙地蔓延，限制沙丘规模扩大。①

3.4.5地理联系

地理联系，即地理事物和现象之间或地理事物内部诸要素之间相互影响、相互制约和相互作用，需要“在相互关联中认识和理解作为人类家园的世界”。地理联系主要包括要素联系、空间单元联系或区际联系、人地关系。

① 朱震达.湿润及半湿润地带的土地风沙化问题[J].中国沙漠，1986(04):5-16+2.

【2012大纲卷】

36.阅读图文资料并结合所学知识,完成下列各题。

20世纪50年代以来,图3-21中我国境内某些区域建立了许多国营农场,引种优质长绒棉。目前,这些区域的棉区是我国最大的商品棉生产基地,种植规模大,机械化水平高。近年来,每至棉花收获季节,数十万外地民工前来这里采摘棉花。

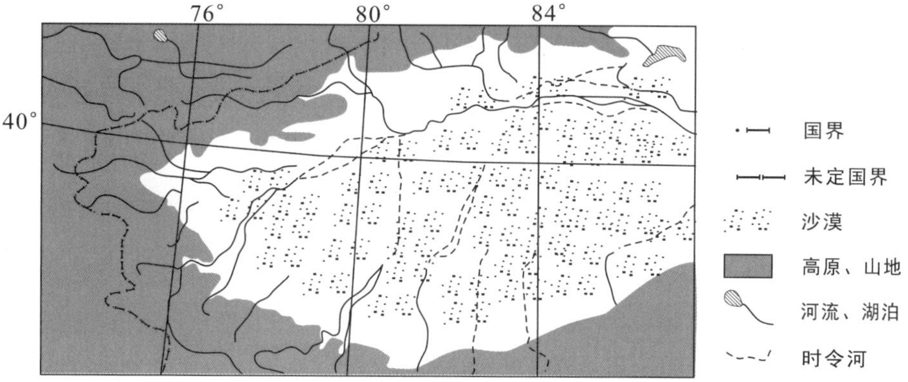

图3-21

(1)推断并说明这些国营农场的分布规律。分析这些地区种植优质长绒棉的有利条件。

(2)距消费市场较远却并未影响该区域商品棉销售,请解释原因。

(3)说明该区域商品棉生产的限制性因素。

(4)分析该区域过度扩大棉花种植面积对区域环境的影响。

【答案】

(1)分布规律:盆地周围绿洲地带(山前洪积—冲积扇地带)。

有利条件:(棉花生长期)光照充足,热量充足,有灌溉条件。

(2)棉花易储存、易运输(交通条件改善);棉花品质优良(我国最大地),市场需求量大。

(3)劳动力不足,在棉花采摘期尤为突出;气候干旱(降水稀少),水资源有限。

(4)过度扩大棉花种植面积,会过度消耗水资源,导致河流下游水量大减甚至断流;荒漠化扩展、绿洲消失(生态环境恶化);灌溉用水过量(与排水失衡),会引起地下水位上升,(造成盐分在土壤表层积累)引发土壤的次生盐碱(渍)化。(其他合理答案酌情评分)

【说明】

1.考查内容

地理环境是一个整体,各组成要素相互影响、相互制约和相互作用。塔里木盆地盛产优质长绒棉主要得益于其干旱少雨的气候,在棉花生长后期可明显减少烂铃,提高棉花成铃率与纤维色泽。而此气候的形成与新疆远离海洋,深居内陆的地理位置和四周高山环绕的地形密不可分。同时,从水分条件看,新疆干旱少雨的气候又成为满足棉花生长期需水量的限制性因素,所以需要在生长期通过灌溉提供水源。塔里木盆地四周山脉高大,冰川广布,冰川的存在不仅以"固体水库"的形式储存了大量的水资源,也是塔里木盆地大部分河流的源头。冰雪融水沿河而下,在山麓盆周地区发育绿洲,为该地区的棉花种植提供灌溉水源,保证棉花的正常生长。

在21世纪初期,棉花的采摘需要大量劳动力,但新疆人口较少,所以每至棉花收获季节,数十万外地民工前往新疆采摘棉花,引发东西部间大规模的劳务交流。同时,新疆经济发展水平较低,棉花需求量小,以对外销售为主,促使商品棉在国内东西部之间和国际上的流通。塔里木盆地棉花种植在新疆的经济发展中有着举足轻重的地位。但一段时间曾盲目扩大棉花种植面积,过度消耗水资源,同时引起局地地下水位上升,造成盐分在土壤表层积累,引发土壤的次生盐碱化,荒漠化加剧、绿洲萎缩,加剧人地矛盾。试题展示了特定区域内地理要素的空间、区际联系及人地联系。

2.考查要求

试题以新疆绿洲农业为切入点，要求考生思考在干旱地区农业发展的优势条件、限制因素以及潜在问题，考查考生对农业区位原理的理解与灵活运用能力，以及读图获取信息、解读信息的能力，体现了基础性和综合性的考查要求。

试题要求考生掌握盆地、沙漠、内流河等基本概念和农业区位、重要铁路干线的分布等基础知识；在了解棉花生长习性的基础上，辩证分析干旱气候的利与弊；理解在干旱地区农业发展中灌溉、地下水、土壤之间的要素关联，理性看待经济发展和生态保护的关系，领悟可持续发展的内涵与意义。

试题要求考生能够根据地图中的经纬度、轮廓特征、沙漠分布、河流类型和地形地势等信息，综合分析出图示区域所属地形区以及气候、水文、土壤等地理要素，从文字材料中获取劳动力要素迁移特征。在此基础上，考生需要从长绒棉的生产和销售两个维度分别加以分析，明确干旱少雨的气候是其质量的保证，品质又是使其畅销国内的核心竞争力，珍贵的灌溉水源是其能够正常生长的前提，但不合理的灌溉在干旱地区又极易引发一系列的生态问题，要求考生用联系的、动态的视角全面综合地认识地理事物。

3.考查载体

试题以南疆商品棉生产基地为背景，以图文材料载体创设全景型学习探索情境。地图通过高原山地与河流的组合、季节性河流与沙漠的空间分布，以及高原山地与沙漠之间的留白，生动呈现了该地区的地形特征、气候特征和水文特征。叠加地区经纬度和轮廓，为考生判定图示区域为塔里木盆地，推断国营农场分布区域以及分析长绒棉种植的优势条件和影响提供了丰富的基础地理信息。同时，试题在设问过程中，善用准确、精炼的动词巧妙地指出考查要求和答题思路，如“种植”和“生产”。“种植”表明主要从自然条件的角度去分析，而“生产”则意味着需要兼顾自然与社会经济条件两个方面，从而检测考生对农业区位原理的理解与灵活运用能力。

第四章

地理试题与过程性评价

学业成绩评价方式的选择，直接关系到地理新课程实施的效果。中共中央、国务院印发的《深化新时代教育评价改革总体方案》提出要“改进结果评价、强化过程评价”，反映教育评价从结果导向到过程导向的转变。传统的课程评价重结果、轻过程，多以终结性测试的成绩作为评价学生素养表现的最终依据，不能反映其整体学习成长历程。课程改革强化了过程性评价和评价的教育发展功能，倡导目标多元、形式多样、操作方便的过程性评价，实现全面、科学、系统的学习评价，形成关注学生学习过程、促进学生全面发展的评价机制。

地理学科核心素养的评价，需要通过学生面对现实情境时，运用地理学科必备知识和关键能力，认识、分析与解决问题的外在表现加以推断。根据学生认知发展的客观规律与核心素养培育的内在要求，学生的地理学科核心素养的发展具有循序渐进的特点，不同学习阶段应采用合宜的工具加以评价，才能真正实现“以评促教”与“以教促学”，从而导引素养渐成。历年高考全国卷地理试题为核心素养的评价树立了具有典范意义的标杆，对素养指向的教学、学习与评价具有重要的指导作用。高考试题虽是终结性评价工具，但通过对其进行深入研究，洞察其命题立意、内容实质与设计范式，对于过程性评价工具的设计与实施同样具有应用价值。因此，过程评价可从整体发展序列的视角，依据普通高中地理课程标准和中国高考评价体系的考查要求，依托历年全国卷高考地理试题，开发不同情境熟悉度和思维深广度的过程评价工具，在相应学习阶段进行合理选用，以获悉学生地理学科核心素养的水平层级。

4.1 基于情境熟悉度的试题序列设计

依托历年高考全国卷地理试题设计过程性评价工作的思路之一，即：在研究高考经典试题的基础上，根据其考查实质设计试题序列，作为相应学习阶段过程评价工具与素养取向教学载体。这样的试题序列，具有相同的核心素养评价旨归，同地理学科核心素养的内涵与要求之间存在清晰的映射关系，主要通过情境的熟悉度与复杂度体现对相应学习阶段素养目标定位与学生发展特点的观照。下面以学术情境试题为例，说明“基于情境熟悉度的地理过程性评价试题序列”的设计与应用思路。

学术情境是一种兼具真实性、学科性、开放性与不良结构的问题情境，遵循科学研究的逻辑线索设置具体任务，为学生提供体验发现问题、提出假设、检索信息、推理判断、对比分析、验证假设、精准表达等研究过程的载体，不仅能够达成评价学生核心素养表现的目标，还可引导师生关注地理学科思维与科学研究，使学生自觉地以“地理的眼光”观察世界、以“地理的头脑”思考世界，从而通过“地理的行动与实践”解决现实世界中的具体问题。作为经典的学术情境试题，2017年高考全国I卷第37题在命题的技术性与艺术性上均有突出创新，尤其是在情境创设、任务设计与解题思路等方面颇具指导意义。

【例1】(2017年高考全国Ⅰ卷第37题)阅读图文材料,完成下列要求。

山地垂直带内部的分异规律,日益为地理学研究所重视。在山地苔原带,植物多样性存在随海拔升高呈单峰变化的规律:在山地苔原带下部,少数植物种类通过种间竞争获得优势,植物多样性较低;随着海拔升高,环境压力变大,种间竞争减弱,植物多样性升高;在更高海拔区域,适宜生存的植物种类减少。地理科考队调查某山峰的苔原带(海拔2000~2600米)时发现,该苔原带部分地区存在干扰,导致优势植物数量减少,植物多样性异常;阴、阳坡降水量与坡度差别不大,但植物多样性差异显著(图4-1)。

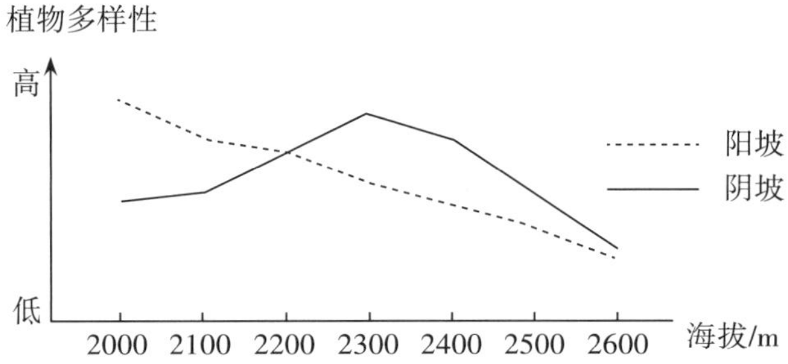

图4-1

(1)确定该苔原带遭受干扰的坡向和部位,以及干扰强度的垂直分布特征。

(2)判断在未遭受干扰时,阴坡与阳坡苔原带植物多样性的差异,并说明判断依据。

(3)分析与阴坡相比,苔原带阳坡地表温度和湿度的特点及产生原因。

(4)说明从2300米至2600米,阴、阳坡植物多样性差异逐渐缩小的原因。

【参考答案】

(1)遭受干扰的坡向和部位:阳坡,苔原带的下部(中下部,2000~2300米左右)。

干扰强度分布特征：随海拔升高而降低（海拔越低，干扰越强烈）。

（2）（未遭受干扰时）阴坡较阳坡植物多样性高。

依据：（按单峰变化规律）阳坡苔原带的植物多样性最高值应在中部（2300米左右），低于阴坡最高值。

（3）特点：阳坡地表温度高、湿度低（水分条件差）。

原因：阳坡太阳辐射强，地表温度高，蒸发强度大；阳坡融雪早，蒸发历时长。

（4）随着海拔升高，阴、阳坡面积减小，坡面差异对植物多样性的影响减弱；阴、阳坡相互影响（水分、热量交换作用）增强。

例1创设图文结合的学术情境，根据学术研究过程设计4个引导思维过程推进的具体任务，即：地理科考队发现苔原带植物多样性异常的问题，提出“异常是由人类活动干扰所致”的假设，通过实地调查得到阴、阳坡的植物多样性数据。问题从“遭受干扰有何表现”入手，结合文献检索获得的单峰规律判断“哪里遭受干扰”；通过对比追索干扰发生前后的变化，推断“干扰如何影响多样性”，判断“未遭受干扰时植物多样性的差异”，继而从要素差异与区域对比的角度对阴、阳坡植物多样性的不同现象进行成因机制分析，并精准表达所得出的结论。

试题通过材料介绍了植物多样性的单峰变化规律，在创设学术情境的同时，补充了解决问题所必需的信息支撑，据此考查深度阅读图文材料以获取有效信息并据此进行学科逻辑推理的能力。同时，解题思路渗透了学术研究的基本思想与方法，即以符合上述规律的阴坡为对照组，发现阳坡中下部（2000～2300米）的植物多样性明显背离规律，并基于“干扰导致植物多样性异常”的事实与相关学科逻辑，推断遭受干扰的部位及其垂直分布特征。在此基础上，通过对未遭受干扰时阳坡植物多样性变化曲线的观察与比较，科学分析并精准阐释不同坡向植物多样性的差异。

在地理现象的特征与表层关联的认知基础上，试题进一步立足山地不同坡向的自然要素差异，深入探讨阴、阳坡植物多样性差异的成因机制。具体而言，造成区域差异的根本原因在于区域之间环境要素的不同特征，而区域范围则为要素差异的存在提供空间基础。阴、阳坡环境的显著差异在于地面获得的太阳辐射不同，即阳坡由于地面获得的太阳辐射量较大，近地面温度较高，蒸发强度较大；且因融雪（即地表裸露进入蒸发过程）较早，导致阳坡蒸发历时较长，从而造成其土壤湿度较低。从地理学科研究范式出发，将研究延展至不同空间范围（如不同海拔高度）有助于深化对问题的认识。因此，本题进一步导引对阴、阳坡植物多样性差异在苔原带上部渐小的成因机制探究。如前所述，“差异逐渐缩小”的实质是区域面积的减小与要素特征的趋同。随着海拔的升高，土地面积减小，坡面差异的影响减弱；另一方面，阴、阳坡之间的区际联系增强（如高空湍流等），通过物质与能量（即水分与热量）交换，使阴、阳坡的要素特征趋同。

由此可见，地理学术情境试题具有以下特点：一是选取学术研究的地理事象，创设复杂情境；二是展现学术研究的思维过程，设置具体任务；三是根据学术研究的思维特质，确定解题思路。将上述考查要求作为地理学科核心素养的终结性评价要求，以情境熟悉度为主要指标，能够设计体现不同学习阶段的过程评价试题，即：高一年级，以复杂度较低的情境，引导学生领悟学科思维方法，奠定素养基础；高二年级，以熟悉度较高的情境，引导学生解决变式情境问题，提升素养水平；高三年级，以复杂度较高、熟悉度较低的情境，引导学生应对复杂新颖问题，达成素养目标。

4.1.1 高一年级：渗透学科思维方法，奠定素养基础

作为高中学段的起始年级，高一年级是地理学科核心素养形成的奠基阶段。该阶段学生对地理问题尚未形成宏观把握与科学认识，甚至在一定程度上受到初中教学与个人认知局限的制约，对高中地理问题存在笼而统

之、定势僵化的思维误区。为此，该阶段的过程评价中，学术情境试题以纠偏认知误区为旨归，从概念、技能与思维上对接素养立意的问题要求，以学科思维的渗透与研究方法的引导为重点，为后续素养的培育奠定基础。

【例2】（厦门市2017—2018学年度第一学期高一年级质量检测第29题）阅读图文材料，完成下列要求。

地理学研究多因素问题常采用控制变量法，即：把多因素问题分解成若干单因素问题，每次试验只改变一个因素，研究该因素对地理事象的影响，而其他不变的因素称为控制变量。

浙江省某坡耕地面临严重的水土流失问题。某校地理兴趣小组拟研究不同农作措施的水土保持效果。

（1）该兴趣小组试验过程中改变的因素是________。

该小组设置了3个径流小区（图4-2），均在同一坡面上，长20米、宽10米，坡度角为15°，坡向东偏南，下设沉沙池，其出口处安装自动水位计，小区间隔仅2米，均采用油菜—大豆轮作，试验历时1年。其中，径流小区Ⅰ为顺坡耕作；径流小区Ⅱ为等高土埂，即在坡长方向每隔5米设一土埂，宽60厘米，高30厘米，并夯实；径流小区Ⅲ为水平草带，即在坡长方向每隔5米设一草带种植区，宽1米，种植百喜草。

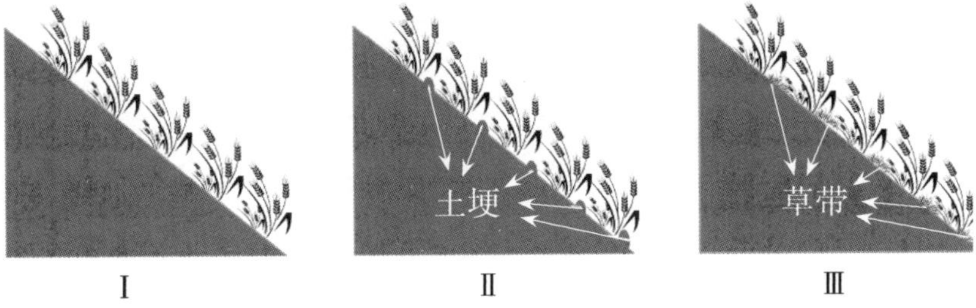

图4-2

（2）该试验过程的控制变量有________、________、________等。

地表径流量的测定是以一次降雨过程为单位，通过自动水位计记录逐次降雨的径流量和径流历时。该小组将不同径流小区的地表径流量变化结果，绘制如图4-3。

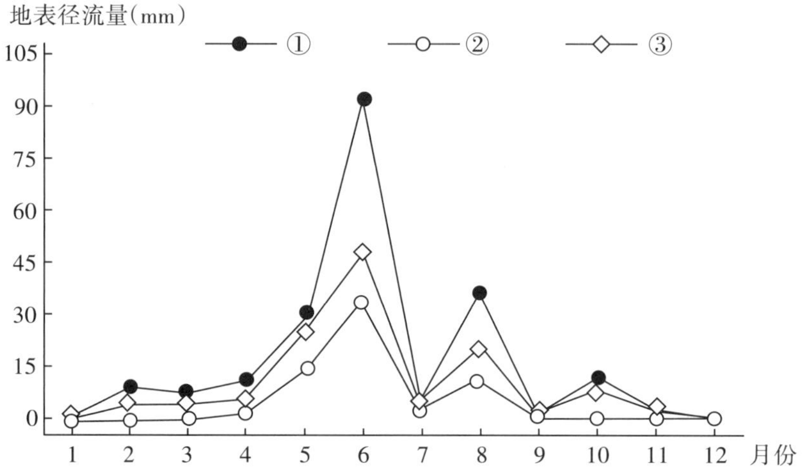

图4-3

(3)图4-3中①②③依次表示径流小区________、________、________(填序号)。

(4)据图对比地表径流量①与③所在的径流小区各水循环环节的差异(除地表径流外)。

【参考答案】

(1)农作措施。

(2)降水(或“气候条件”“坡面径流的流量”)；坡度(或“坡面径流的流速”)；土壤(或“土壤类型”“土壤理化性质”“土壤抗侵蚀能力”)；作物类型(或“植被类型”)。

(3)Ⅰ；Ⅲ；Ⅱ。

(4)下渗量：①＜③；蒸发量：①＜③；地下径流：①＜③。

地理事象与因素之间往往是非充分非必要的关系，形成一因多果、一果多因、互为因果、多因多果等复杂因果链。对此，地理研究通常采用“控制变量法”来解决问题。例2取材于不同农作措施水土保持效果探究的真实学术问题①，通过具体任务与解题思路的设计，逐步呈现运用“控制变量法”解决问题的过程，即确定问题研究的主变量，根据研究目标确定控制变量，基于变量控制与试验结果分析，对试验结果进行不同角度的数据挖掘与分析。

掌握和运用地理学科思维解决现实问题，是地理学科核心素养的重要外显表征。针对素养奠基的阶段目标定位，在该阶段依托例2进行过程评价时，不能仅停留于水土流失等必备知识的内化层面，更需要通过评价助推学生习得地理问题分析的经典思想方法，并学会将其灵活运用于后续现实问题的分析与解决中。在试题驱动的探究活动中，学生体验了在要素综合、时空综合与地方综合的场域内完成间接地理实践的思维活动。该学习过程融汇了综合思维、地理实践力等学科核心素养，将素养测评过程纳入素养培育的有机组分。

4.1.2高二年级：解决变式情境问题，提升素养层级

作为高中学段的过渡年级，高二年级是地理学科核心素养发展的提升阶段。该阶段的学生已具备一定的地理知识储备，过程评价相应地应着力搭建问题分析与解决的平台，通过学生在思维体验与问题解决的实践中的表现检测其素养发展水平。考虑到课时制约与学生认知发展特点，该阶段的地理学术情境试题侧重于问题情境的变式，具体任务的解决路径不宜过度追求新颖与复杂，以学科思维方法的迁移与应用为宜，并视不同情况适度投放陌生问题情境，铺设学生由知能复现向学科素养发展的逐级台阶。

① 命题素材来源：袁东海，王兆骞，陈欣，等．不同农作措施红壤坡耕地水土流失特征的研究[J]．水土保持学报，2001(04)：66-69.

【例3】(厦门市2017—2018学年度第一学期高二年级质量检测第26题)阅读图文材料,完成下列要求。

土壤 ^{13}C 值可以间接反映地表植被生长状况及其生物量:根系呼吸和残体分解会使土壤中 ^{12}C 增加,^{13}C 值降低。盐碱化土壤的 ^{13}C 值在深度0~50厘米范围内,随土层深度的变化有如下规律:自地表向下,^{13}C 值先随土层深度的增加而递减,当达到30厘米左右的深度时,^{13}C 值达到一个低值;而后随土壤深度进一步加深,^{13}C 值先增大而后降低,在40厘米左右的深度达到一个峰值。

科研人员调查某盐碱地时发现,不同土地类型的盐碱化程度不同,土壤 ^{13}C 值存在明显差异(图4-4);因气候变化和人类活动影响,20多年来该区域土壤平均 ^{13}C 值呈上升趋势。

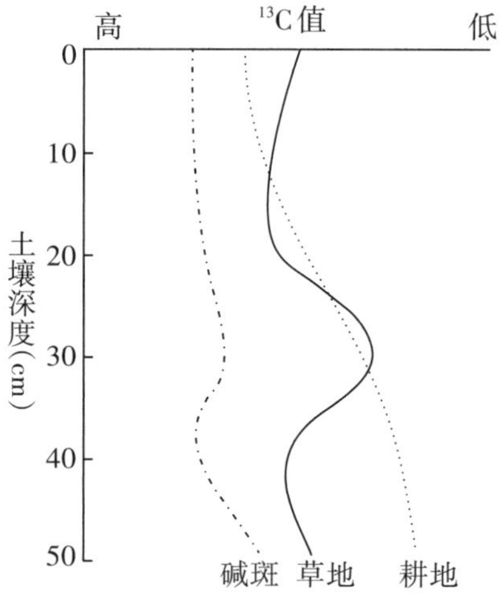

图4-4

(1)据图文资料确定该区域盐碱化程度最低的土地类型,并说明判断理由。

(2)与碱斑相比,说明该区域草地平均 ^{13}C 值的特点及产生原因。

(3)与草地相比,说明该区域浅表层土壤中耕地 ^{13}C 值较高的原因。

(4)分析该区域^{13}C值呈上升趋势的人为原因。

【参考答案】

(1)耕地。理由:在三种土地类型中,耕地平均^{13}C值最低;在土层深度30～40厘米范围内,耕地^{13}C值随着深度的增加而递减,不符合盐碱地^{13}C值分布规律。

(2)^{13}C值较低。

原因:草地生物量较大,植被残体较多;根系较发达,呼吸作用较强。

(3)草地植被根系主要集中在浅表层,而耕地植被的根系较深;耕地上植被覆盖时间较短,表层土壤易受侵蚀,且受人为干扰影响,植被残体较少。

(4)气候变暖,蒸发加剧;过度放牧,导致草场破坏加剧;不合理耕作,导致盐碱化土地增加。

例3围绕吉林西部不同土地类型的^{13}C值及其在垂向空间的变化①,创设有别于学生学习与生活经验的陌生问题情境,并设置纵向链式的系列任务。这些任务指向的是实证数据的科学观察与对比分析,与例1的命题思路具有较高的相似度。结合土壤盐碱化、生态脆弱区的综合治理等相关知识,以及图文材料所蕴含的有效信息,学生不难通过迁移例1的分析思路完成相应任务。

为了达成素养提升的阶段目标,在该阶段依托例3开展素养培育时,需要引导学生灵活运用第一学习阶段所掌握的学科思维方法,着眼于各种土地类型中气候、土壤、植被与人类活动之间深层联系的综合探析,并将问题置于宏观区域背景与微观区域结构(如不同土壤深度的垂直空间结构)进行科学认知,从而实现综合思维、地理实践力与区域认知素养的耦合与进阶。

① 命题素材来源:杨俊鹏,胡克,刘玉英.吉林西部盐碱化土壤碳酸盐的碳稳定同位素特征[J].吉林大学学报(地球科学版),2006(02):245-249.

4.1.3高三年级:应对复杂新颖问题,达成素养目标

作为高中学段的毕业年级,高三年级是地理学科核心素养水平的高级阶段。该阶段学生已完成学科知识的系统学习,并通过轮次复习实现了知识的夯实与宏观把握,具备了较强的问题分析与解决能力。为此,该阶段的学术情境试题应全面对接中国高考评价体系及其学科化实施要求,为学生提供与现实问题最接近的复杂新颖问题情境,搭建展示素养水平表现和达成素养培育目标的有效载体。

【例4】阅读图文材料,完成下列要求。

山地不同海拔高度的生态水文过程及其对气候变化的敏感程度存在差异。在山地高海拔地区,气候变暖通过影响植被盖度、生长季、蒸散量(蒸发量与蒸腾量之和),导致其水资源盈亏状况产生明显变化,水分平衡点(蒸散量与降水量相等处)出现的海拔高度相应发生位移。某内流湖流域海拔约为3200~5300米,植被大多分布在3200~3800米,其不同海拔和不同生长阶段的土壤含水量如图4-5所示。

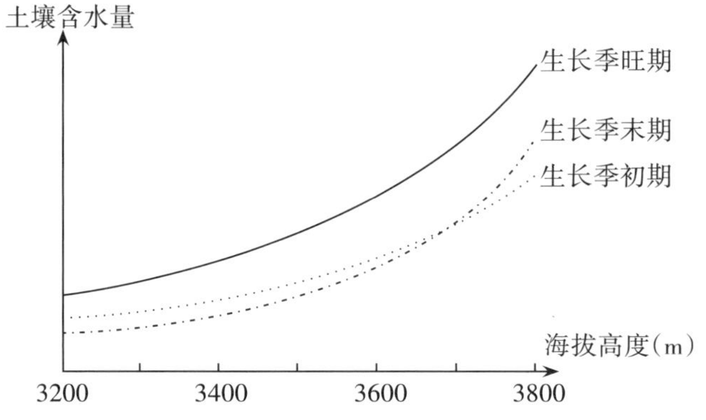

图4-5

(1)简述该流域3200~3800米土壤含水量的变化特点。

(2)推测该流域3200~3800米降水量的空间变化特点,并说明理由。

(3)判断该流域水分平衡点出现的海拔高度,并分析平衡点以上区域水分盈余的原因。

(4)推测气候变暖对该流域水分平衡点海拔高度的影响,并说明推测理由。

【参考答案】

(1)海拔越高,土壤含水量越多;在生长季内,土壤含水量先增后减。

(2)降水量随着海拔的上升而增多。理由:位于内流区,气候干燥;海拔越高,土壤含水量越多,蒸发量越大,空气湿度越大。

(3)海拔3700～3800米处。原因:降水较多;海拔高,气温较低,生长季较短(或积雪时间较长),蒸散历时较短。

(4)水分平衡点分布高度上升。理由:气候变暖,使植被分布向高海拔地区扩张,高海拔地区植被盖度增大;积雪期缩短(或生长季延长),蒸散量增大。

例4从地理事象的静态特征入手,逐步深化到对动态变化的推断与深层联系的分析,其水平层级对接该阶段的学生认知水平与素养测评要求。试题素材源于青海湖流域不同海拔高度土壤水分时空变化特征的学术问题[①],采用新颖的任务设计角度,通过不清晰的目标状态规避学生对常见问题的机械套用,指向获取和解读、描述与阐释、评价与反思等地理关键能力,依据复杂现实问题所展现的学术研究过程,结合相关必备知识的调用,即时建构问题认知路径,科学分析并解决地理问题。

该阶段素养取向的过程评价,需要在评价学生问题解决表现的基础上,通过师生对话或思维可视化的方式进一步深化对学生素养表现的认识,并通过拓展性解读凝练学科思维,助推素养水平进阶。例如,第(1)题指向以地理时空视角全面认识土壤含水量的变化。土壤含水量的空间变

① 命题素材来源:刘磊,李小雁,蒋志云,等.青海湖流域不同海拔高度土壤水分时空变化特征[J].资源科学,2017(02):263-275.

化特点可由图4-5中3条曲线的共性归纳得出，即海拔越高，土壤含水量则越多；时间变化特点则可对比不同曲线得出，即生长季内土壤含水量先增后减，而非生长季基本不变。从该阶段的素养取向教学目标出发，需在基于时空观念的认知基础上，进一步依循收支平衡分析方法对土壤含水量问题进行拓展性解读，即：在高海拔地区，非生长季(即冬半年)内温度低，蒸发弱，土壤水分无明显变化；生长季开始时，积雪逐渐消融，土壤水分开始增多，整个生长季内土壤水分总体收入的增长大于支出。因此，生长季末期与初期的土壤含水量之差反映其生长季的水分盈亏状况，亦即全年的水分盈亏状况。这里的"盈亏"仅从本地收支状况考虑，区际联系将维持流域的动态平衡，即高海拔盈余区通过径流等方式补给低海拔亏损区。这种收支平衡的认知方法同样适用于第(2)题和第(3)题关于"水分平衡点"的分析。

作为推动社会全面发展与实现个人本质力量的核心要件，创新意识是高考选拔人才的重要标准，也是素养取向过程评价中着意导向的培育目标。为此，在该阶段依托学术情境试题的素养培育过程中，可采用一题多解与问题新解等方式，引导学生从多角度进行思考，形成对问题的别样见解，摆脱参考答案与标准思路的束缚。例如，第(4)题进一步叠加了地理事象动态演变的视域，其解题思路凸显控制变量法的应用，即降水对气候变暖的响应不及蒸散，可将降水视为控制变量，亦即土壤水分仅从支出项考虑，据此推断随气候变暖，植被盖度提高，生长季延长，蒸散量增多，水分平衡点相应地向高海拔地区移动。此外，还可引导学生从另一种解题路径看待问题，据图4-5可知，水分平衡点位于海拔3700米处。假设海拔3700米处初始气温为T_0，则水分平衡点对应T_0。由于气候变暖，T_0处必然向高海拔地区位移，以此为间接依据推断水分平衡点随之向高海拔移动。这种创新思维的活动体验，有益于学生最终形成由内生发并外显可达的学科素养。

4.2 基于思维深广度的答案分级设计

依托历年高考全国卷地理试题设计过程性评价工作的思路之二，即：选取经典的高考试题，将其答案划分为若干水平层级，作为相应学习阶段需要达成的素养评价目标。

4.2.1 基于SOLO分类评价法的答案分级设计

基于可观察的学习成果结构（Structure of the Observed Learning Outcome，以下简称"SOLO"）由澳大利亚教育心理学家约翰·比格斯（Biggs）创立，是一种以等级描述为基本特征的质性评价方法（图4-6），其基本理念源于皮亚杰的认知发展阶段论，即学生成长过程中认知的发展具有阶段性，不同的阶段之间的认知水平有质的区别。因此，根据SOLO分类评价法可对学生的地理学科核心素养的发展水平进行有效推断（表4-1），将其引入过程性评价能够满足检测核心素养发展过程的需要，具有可行性和可操作性。

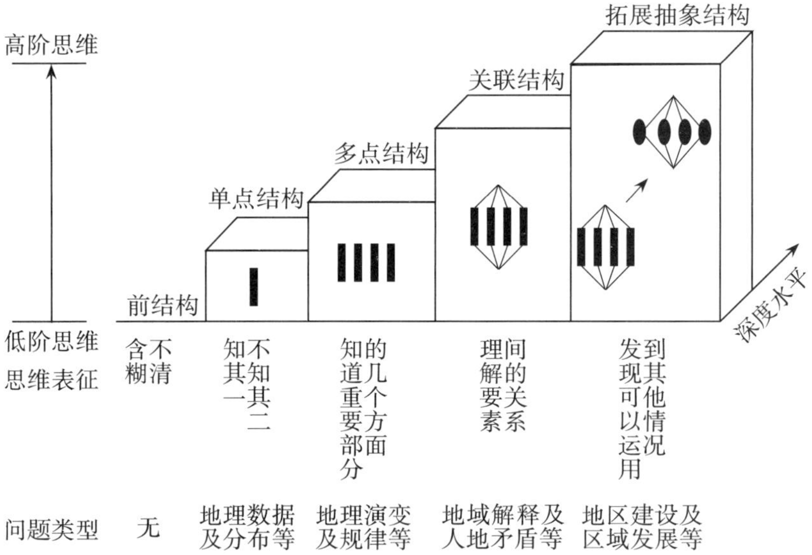

注:图中的黑色竖条和圆点代表信息单元或事件,但代表问题情境不同

图4-6　地理问题及相应的SOLO思维表征

表4-1　学生解决具体问题的表现水平划分

层次	不同水平的具体表现
前结构水平	学生完全不理解,只能用无关信息或者错误、零散的知识回答问题。
单点结构水平	学生能从某一方面分析问题,能使用术语完成简单的要求,做出一些解释、识别、命名和计算等。
多点结构水平	学生能从多个方面进行独立的思考和分析,但是“只见树木,不见森林”,内容缺乏相互的联系,能够列举、描述、分类、综合、应用、组织及执行程序等。
关联结构水平	学生可以理解多方面的关系及如何更好地相互作用形成整体,能够对比、阐述联系,分析、应用理论,解释原因和结果等。
拓展抽象水平	学生可以超出原有的知识结构进行归纳和概况,还可以从不同的角度认知结构,可以将理念迁移运用到新的领域,能够归纳、假设、批判、形成理论等。

【例5】(2010全国课标卷第41题)阅读图文材料,完成下列要求。

分析图4-7所示岛屿成为世界著名旅游目的地的优势条件。

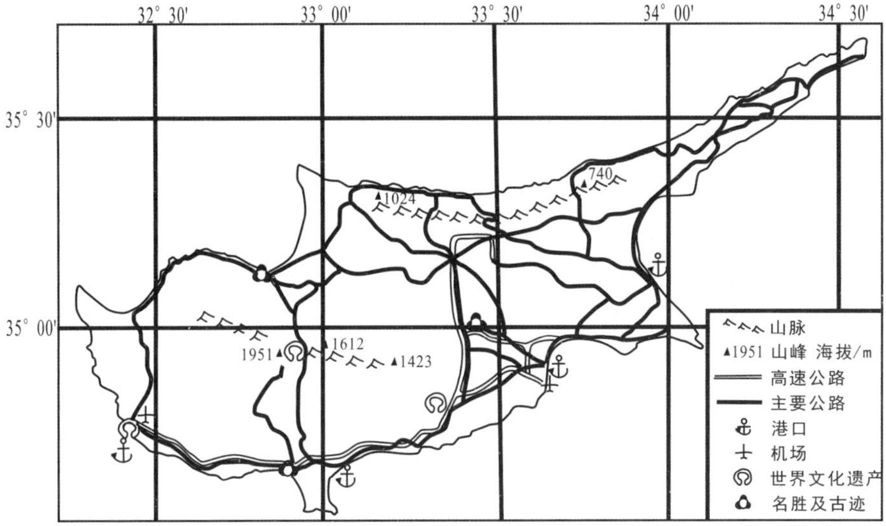

图4-7

【参考答案】

旅游资源丰富(组合好);地处地中海的岛屿,气候温暖,阳光充足;有海滨浴场、海域、山地等自然旅游资源,以及世界遗产、名胜古迹等人文旅游资源。

例5仅给出一幅区域地图作为试题情境,但图例中包含丰富的显性与隐性地理信息,有效地考查学生获取和解读地理信息的关键能力。本题设问约束条件较少,学生可开阔思路,充分展现各自的素养水平,也因此不同发展阶段的学生在解答本题时所展现的思维层次也存在明显差异。因此,可利用SOLO分类评价法划分素养水平,作为学生在不同学习阶段应达成的评价目标。学生应答所反映的不同思维层次具体如下:

●前结构层次——学生未能读懂设问要求,导致未作答,或仅套作"旅游资源丰富",而并未阐明"旅游资源如何丰富""丰富的表现在什么地方"。

从此类作答中，未见学生地理学科核心素养的形成。

●单点结构层次——学生只能够回答问题中涉及的1个地理要素。例如，“图示区域有世界文化遗产、名胜古迹，旅游资源相对丰富”，或“港口、机场、高速公路、公路网发达，交通便利”。此类回答反映学生未能全面、综合地看待地理问题。

●多点结构层次——学生能够回答2个或2个以上的地理要素，能够简单组织语言将要素进行罗列。例如，“该世界著名旅游目的地拥有港口、机场、高速公路和公路网，交通发达；另外，该区域有较多世界文化遗产和名胜古迹，有利于吸引游客”。通过此类回答，学生思维的发散性与认知的全面性已彰显。

●关联结构层次——学生完全理解试题的命制意图与考查指向，能够联系解决问题所有的地理要素，并以专业术语进行清通地表述，具有较强的学理逻辑。例如，“该世界著名旅游目的地拥有港口、机场、高速公路和公路网，交通发达；该区域有较多世界文化遗产和名胜古迹，海域山地等自然旅游资源丰富，知名度高容易吸引游客；另外，该区域地处地中海的岛屿，气温较高，阳光充足，适合海滨沐浴，区内拥有国际机场、港口以及国内高速公路，交通发达，有利于游客的集散。”此类回答反映学生的地理学科核心素养表现已达较高水准。

●拓展抽象结构层次——学生除全部阐述试题提出的问题外，还能够上升到一定的理论层次，具有创新意识。例如，首先明确决定该岛屿成为世界著名旅游目的地的原因有哪些方面，如交通、旅游资源、人文和自然资源以及该区域的居民文化素质；其次确定该区域的位置（利用经纬线和区域图定位），对本区的区域特征、区域经济分析；再次从各种角度来阐述该岛成为著名旅游目的地的原因；最后提出本区域面临的社会和环境问题。此类回答体现学生认识与分析问题是科学、全面、系统的，具有一定的深度，其核心素养水平层级高。

上述可作为运用高考试题分类评价不同学习阶段学生所达到的学科核心素养水平的例证。根据学生回答问题的情况，评价学生思维能力表现，进而推断其素养水平层级。能够从试题材料中找出2条信息的学生，显然要比仅找出1条信息的学生素养水平层级高；相较于只能找到各信息，能够分析各信息之间联系反映了学生素养水平的进阶；能够从理论上分析问题的学生，比简单分析材料的学生在过程性评价中应有更高的成绩，也为学生的素养发展树立了具象的标杆。当然，以上划分还可在每一层次的基础上，继续从不同方面进行细分，最终达到合理评价学生素养发展水平的目的。

4.2.2应用导向、按需简化的答案分级设计

SOLO分类评价法为地理学科核心素养过程性评价的答案分级设计提供了有益的启发。但在利用SOLO分类评价法的过程中，需要避免定势思维。具体而言，不是每一道试题都需要按照“前结构层次”“单点结构层次”“多点结构层次”“关联结构层次”“拓展抽象结构层次”进行划分，首先需要根据预估难度与考查内容，标定各题考查的素养水平；其次聚焦素养考查要求能够达到水平3或水平4的试题，进行答案的分级设计，且分级也可突破5种结构层次的限制，从地理学科核心素养发展规律与阶段定位的实际应用需要出发，适当简化答案的水平级数，使其更加符合“便教利学”的设计原则。

【例6】(2015全国Ⅰ卷第36题)阅读图文材料，完成下列要求。

卤虫生存于高盐水域，以藻类为食，是水产养殖的优质活体饵料，也是候鸟的食物来源。美国大盐湖(图4-8)属内陆盐湖，卤虫资源丰富，20世纪50—70年代，大盐湖卤虫产业规模小，产品需低温运输，主要用于喂养

观赏鱼类。80年代以来,随着水产养殖业快速发展,大盐湖卤虫产业规模不断扩大。

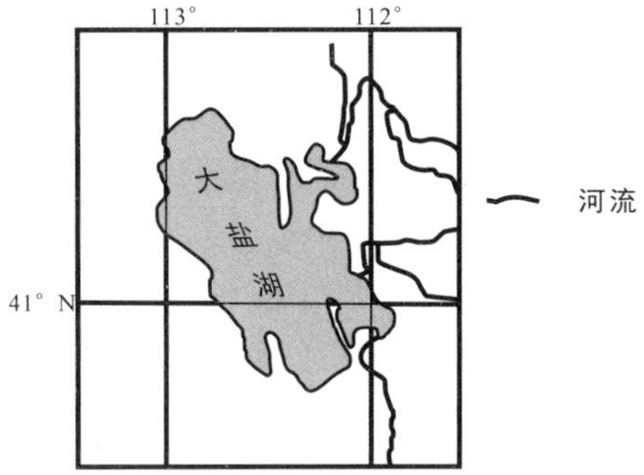

图4-8

(1)分析大盐湖盛产卤虫的原因。

(2)说明早年卤虫产业规模较小的原因。

(3)推测20世纪80年代以来,水产养殖业快速发展的原因及其对大盐湖卤虫产业发展的影响。

(4)你是否赞同继续在大盐湖发展卤虫捕捞业。请表明态度并说明理由。

【参考答案】

(1)属于内陆盐湖,为高盐水域。注入该湖的河水带来大量的营养物质,适合藻类等卤虫饵料的生长。

(2)运输成本高(需低温运输);(主要用于喂养观赏鱼),市场需求量小。

(3)原因:海洋渔业产量减少;市场需求增大;近海水产养殖技术提高。

影响:对卤虫需求量增加,(促进了大盐湖卤虫产业发展)。

(4)赞成理由:卤虫资源丰富,市场需求大,经济价值高,技术成熟,增加就业等。

不赞成理由：让卤虫自然生长，维护生物链的稳定，保护湿地，保护生物多样性等。

例6以美国大盐湖卤虫产业由小规模发展到大规模的转变为线索展开，为学生搭建地理研究方案的框架。试题考查的地理学科核心素养包括人地协调观、综合思维与区域认知。具体而言，试题要求学生对水产养殖业发展的背景进行分析、对区域开发利用的得失进行评析，说明学生具有人类活动与地理环境相协调的观念；通过考查学生对卤虫产业不同发展阶段控制因素的分析，体现学生具备从时空综合的角度分析地理事物和现象的发生、发展和演化的综合思维能力；通过考查学生对卤虫生长所需饵料来源的分析，体现学生对区域内不同要素之间的关系及其在区域整体中作用的认知水平。其中，第(1)题重点考查学生从区域的视角认识地理现象的意识与习惯，难度预估0.6，考查素养水平2；第(2)题重点考查学生对限制卤虫产业发展因素的综合分析能力，难度预估0.8，考查素养水平2—3；第(3)题重点考查学生在水产养殖业快速发展的背景下，对卤虫产业发展变化情况的综合分析能力，隐含人地协调观念，难度预估0.4，考查素养水平3—4；第(4)题重点考查学生对区域开发利用中各要素相互联系的认知水平，强化人地协调观念，难度预估0.5，考查素养水平3—4。因此，若要依托例6进行答案分级设计，宜选择第(3)、(4)题。仅以第(4)题为例，参考SOLO分类评价法，根据试题特点与应用需要，将答案水平划分精简为4级(表4-2)，其中水平2—4可基本对应普通高中地理课程标准中对高一至高三年级的学业质量要求。

表4-2　答案水平分级设计示例一

作答水平	表现	样例
水平1	仅能指出卤虫产业规模扩大的现象，但不能解释海洋水产养殖业发展的原因。	影响：大盐湖卤虫产业规模不断扩大。

续表

作答水平	表现	样例
水平2	能够从市场需求和养殖技术角度解释海洋水产养殖业发展的原因，并指出卤虫产业规模扩大的现象。	原因：市场需求增大；近海水产养殖技术提高。 影响：大盐湖卤虫产业规模不断扩大。
水平3	能够从市场需求和养殖技术角度解释海洋水产养殖业发展的原因，并能将水产养殖业发展和卤虫产业规模扩大建立联系。	原因：市场需求增大；近海水产养殖技术提高。 影响：对卤虫需求量增加，促进了大盐湖卤虫产业发展。
水平4	进一步认识到人类的过量捕捞导致海洋渔业产量减少，是导致海洋水产养殖业发展的原因之一。	原因：海洋渔业产量减少；市场需求增大；近海水产养殖技术提高。 影响：对卤虫需求量增加，促进了大盐湖卤虫产业发展。

类似地，还可将上述做法应用于例7中难度系数较高、考查素养水平4的第(2)题中，设计相应的答案水平分级(表4-3)。其中，作答水平可采用条目式的定性描述加以刻画，并结合设问对应的分值(满分12分)进行赋分设计。

【例7】(2020年全国Ⅰ卷第37题)阅读图文材料，完成下列要求。

形成玄武岩的岩浆流动性好，喷出冷凝后，形成平坦的地形单元。如图4-9所示，某海拔500米左右的玄武岩台地上，有较多海拔700米左右的玄武岩平顶山，及少量海拔900米左右的玄武岩尖顶山。调查发现，构成台地、平顶山、尖顶山的玄武岩分别形成于不同喷发时期。

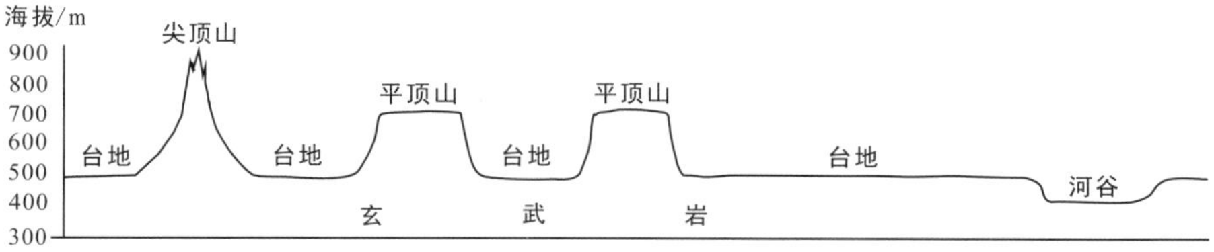

图4-9

(1)指出玄武岩台地形成以来因流水侵蚀而发生的变化。

(2)根据侵蚀程度,指出构成台地、平顶山、尖顶山的玄武岩形成的先后次序,并说明判断理由。

(3)说明玄武岩台地上有平顶山、尖顶山分布的原因。

【参考答案】

(1)台地被流水侵蚀、切割,起伏加大,面积变小。

(2)形成的先后次序:构成尖顶山的玄武岩、构成平顶山的玄武岩、构成台地的玄武岩。理由:地貌侵蚀程度越严重,说明岩石暴露时间越长,形成时间越早。台地受侵蚀轻,构成台地的玄武岩形成时间最晚;平顶山保留台地的部分特征,构成平顶山的玄武岩形成时间较晚;尖顶山已经没有台地的特征,构成尖顶山的玄武岩形成时间最早。

(3)早中期喷出的岩浆冷凝成玄武岩台地后,大部分被侵蚀,残留的部分为山体。最新(晚)一期喷出的岩浆未能完全覆盖残留山体,冷凝成玄武岩台地,其上仍保留了原有山体。

表4-3 答案水平分级设计示例二

作答水平	水平描述	赋分
水平1	①没有应答;或应答与试题无关;②玄武岩形成的先后顺序错误;或理由与形成先后顺序逻辑不一致。	0
水平2	①能正确推断并表述玄武岩形成的先后顺序;②没有正确推断侵蚀强度和形成时间早晚的关系,语言表达与归纳整理能力、思辨能力欠缺。	1～4
水平3	①能从时空综合、要素综合等多角度正确推断并表述玄武岩形成的先后顺序;②能够明确侵蚀强度和形成时间早晚的关系;③没有结合台地、平顶山、尖顶山的形态特征去推断其形成先后顺序并说明理由,欠缺整合材料信息的能力。	5～9
水平4	①能从时空综合、要素综合等多角度正确推断并表述玄武岩形成的先后顺序;②能够明确侵蚀强度和形成时间早晚的关系;③能够根据台地、平顶山、尖顶山的形态特征推断其受侵蚀的程度以及形成的时间,并正确表述理由,具有较强的整合能力、思辨能力、逻辑推理能力。	10～12

4.2.3 依托情境、变换任务的答案分级设计

一般而言，高考地理试题中的非选择题因其能够充分体现思维过程，展现主观见解的全貌，适合进行答案分级设计。然而，在历年高考全国卷地理试题中，许多选择题无论是命题素材，还是考查方式，都具有核心素养评价的重要价值。为此，理应将选择题纳入地理学科核心素养的过程评价工具，只不过在具体答案分析的设计之前需要先行将命题素材加以整合，必要时还应辅以任务的重构。

【例8】(2019年全国Ⅱ卷第1～3题)

在城镇化进程中，城市人口、土地利用和产业需要协调发展。根据协调发展水平，将长江三角洲城市群的城市由高到低分为Ⅰ、Ⅱ、Ⅲ、Ⅳ四个等级类型。图4-10为2001～2016年长江三角洲城市群的城市协调发展水平变化，图4-11示意长江三角洲城市群的范围及城市分布。据此完成(1)～(3)题。

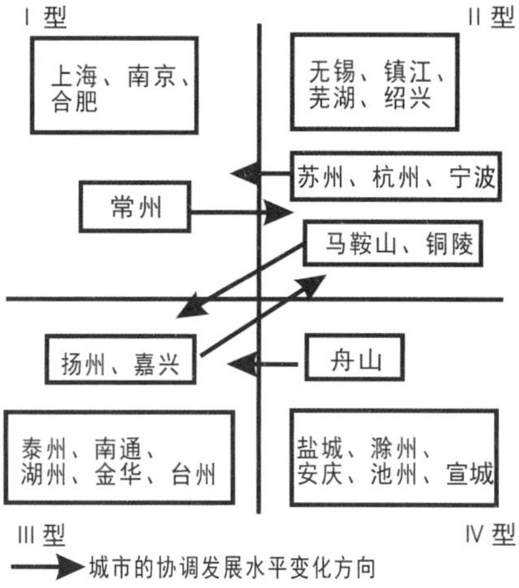

图4-10

图4-11

(1)2016年协调发展水平Ⅰ型中的多数城市

A.海港规模大　　　　B.沿长江分布

C.集聚长江口　　　　D.行政等级较高

(2)以上海为核心,协调发展水平Ⅳ型的城市,在空间分布上呈现

A.均衡性　　　　B.边缘性

C.集中性　　　　D.对称性

(3)与2001年相比,2016年协调发展水平上升的城市,多数与上海

A.空间位置邻近　　　　B.发展模式相同

C.城市性质相似　　　　D.产业部门接近

【参考答案】

(1)D　　(2)B　　(3)A

例8以选择题组的形式,围绕长江三角洲城市群的"协调发展"问题,分别考查学生对Ⅰ型中多数城市重要特征或性质的概括能力,对城市群主要特点及空间结构的概念理解,以及分析城市协调发展变化的地理现象。上述任务要求蕴含了区域核心边缘结构产生的内在机理——地理学重要的"空间邻近规律",反映地理学知识在解决城镇化过程中人口城镇化、土地城镇化和产业城镇化彼此协调发展的重要价值。但问题解决的结果是选项的正确与否,难以反映学生在认识、分析与解决地理问题时的具体表现,为此可搜集相关情境素材,在领悟"近年来,党和国家根据我国城镇化发展转型特点,适时推出城市群发展战略和国土空间规划体系,旨在通过优化城镇化布局形态,推动城市群健康发展,构建大中小城市协调发展的城镇化空间格局"命题背景的基础上,将高考试题情境作如下改编:

城市群是城镇化发展到一定水平后的主体形态,城镇化主要由人口城镇化、土地城镇化和产业城镇化三方面组成。在城镇化进程中,人口城镇化、土地城镇化和产业城镇化需要协调发展,才能推动城市群高质量发展。

长江三角洲城市群是我国经济最为活跃的地区，为将长江三角洲城市群打造成具有国际竞争力城市群，近年来国家在原有“15+1”范围基础上重新进行了调整，将江苏省的盐城、浙江省的金华和安徽省的合肥、芜湖、滁州、马鞍山、铜陵、池州、安庆和宣城的10个地级市纳入其范围，形成涵盖三省一市26个城市的空间集聚格局。根据城镇化协调发展水平，将长江三角洲城市群的城市由高到低分为Ⅰ、Ⅱ、Ⅲ、Ⅳ四个等级类型。图4-10为2001—2016年长江三角洲城市群的城镇化协调发展水平变化，图4-11示意长江三角洲城市群的范围及城市分布。

根据上述情境，设问要求可调整为“从城镇化的协调发展，论述长江三角洲城市群的城市空间特征及其变化规律，并提出该城市群进一步发展的建议”，从而实现由选择题的封闭作答空间向非选择题的开放作答空间转变。为达成地理学科核心素养过程评价的理想效度，避免因答题要求理解的片面或偏差对学生行为表现的影响，可将答题要求进行以下厘清：

●描述城镇化的发展内容及协调发展水平分类。

●描述长江三角洲城市群范围变化及城市等级。

●分析2016年长江三角洲城市群等级类型Ⅰ的多数城市特征。

●分析2016年长江三角洲城市群等级类型Ⅳ的城市空间分布。

●归纳长江三角洲城市群等级类型Ⅱ和Ⅲ的城市变化及规律。

●从城市的特征、等级类型和分布变化等，概括长江三角洲城市群的城市空间结构。

●根据城镇化协调发展要求和城市群建设意义，请提出长江三角洲城市群进一步发展的建议。

由此形成的综合性论述题型，有助于从学生的能力外显表现（包括获取信息和分析地理现象能力，发现和归纳地理现象规律的能力，以及根据分析、发现和归纳的结果，应用于现实社会实践的能力）刻画其素养水平。其中，第1、2项答题要求指向整合图文材料信息，形成学生的自我认识；第

3~5项答题要求指向分析长江三角洲城市群中的不同等级类型城市的特征、分布和变化现象；第6项答题要求指向在上述分析的基础上，结合已有的空间结构认知架构进行阐述，发现长江三角洲城市群中不同协调等级类型的城市；第7项答题要求则指向根据城镇化协调发展要求和城市群建设目标（成为国家的最重要经济区域、具有世界竞争力、引领全国经济发展等），将分析、发现和归纳的知识转化为具体的建议。

根据上述答题要求，可将答案设计为4个水平层级（表4-4）。其中，一级水平完成第1、2项答题要求；二级水平完成第3、4项答题要求；三级水平完成第5、6项答题要求；四级水平完成第7项答题要求。需要说明的是，第一至四级水平有别于水平1—4，每级水平均是在上一级的基础上，进行答题要求的叠加与赋分的累计；若学生未能按照答题要求的先后顺序进行论述，又缺少必要分析地跳越作答，需要在其相应的水平级内进行区分。

表4-4 答案水平分级设计示例三

作答水平	表现	备注
一级水平	①获取材料信息能力；②获取图中信息能力（形式上建立起材料和图的对应关系，本质上理解和建构起城镇化与城市群的相互关系）。	①城镇化内容包括人口城镇化、土地城镇化和产业城镇化，根据三者协调水平将城市分成四个等级类型；②2016年长江三角洲城市群范围包括三省一市的26个城市，图中有两个等级，即：省级行政中心和地级行政中心。
二级水平	①静态分析能力（重点在特征提炼）；②动态分析能力（强调变化过程）。	①Ⅰ型城市多数为省会城市，Ⅳ型都是地级城市，处在城市群边缘位置；②2001—2016年，大多数城市协调发展水平没有变化，变化的城市主要集中在Ⅱ和Ⅲ等级类型的城市。
三级水平	①发现空间现象能力；②归纳和总结能力。	①城市协调发展水平主要围绕城市群中的核心城市上海而变化；②不同协调发展水平的城市以上海为核心，呈核心边缘结构。

续表

作答水平	表现	备注
四级水平	①一般性应用能力(缺少一定逻辑关系的建议);②建设性应用能力(思路清晰,具有逻辑关系的建议)。	①泛泛提出加快城镇化发展、提高城市群发展水平的建议;②基于城镇化协调发展要求和城市群发展目标。从协调的目标、方向、关键、重点、路径等几个方向进行阐述。

这样,上述试题就成了评价地理学科核心素养发展水平的过程评价工具,体现人地协调观的考查,导向综合思维的培养与区域认知的深化。具体而言,试题体现人地协调观的考查,即城市是人类文明的象征,城镇化是社会现代化必由之路,人口增长、土地利用和产业需协调才能促进城市可持续发展;导向综合思维的培养,即城市与城市群关系是点与面关系的具象化,从城镇化协调发展到城市群形成,再到城市群空间结构分析,需要调用多尺度、多维度、多层面的地理学综合分析能力,才能理解和建构城镇化与城市群的相互关系;导向区域认知的深化,即城市群是城镇化发展到一定水平的主体形态,从过程而言是人口由乡村向城市迁移转向人口向城市群集聚,从空间而言则表现为城市群是一个国家经济社会发展最重要载体。

需要说明的是,此处为聚焦研究问题的需要,仅探讨依托历年全国卷高考试题可开展的过程性评价的两种方法。近年来,过程性评价、表现性评价成为学界讨论较多的评价思想和理论;在技术的拥趸下,过程性测验成为大规模教育测验发展的新形态,技术支撑的教与学的过程测评付诸实践。教育评价理论和教育测评实践的发展都在凸显过程性特征。地理学科核心素养在过程评价中的方法也远不止于纸笔测试,包括面向成长与发展过程的测评、面向内在心理活动过程的测验等,包括绘制地图、设计实验、撰写论文、野外考察、社会调查、构建认知图谱等多种方式。作为教育评价的新事物,过程评价尚有许多问题值得深入研究,相关研究在各类量规的设计与完善方面已有探索与掘进,在此不另作赘述。

参考文献

[1]陈澄.新编地理教学论[M].上海:华东师范大学出版社,2007.

[2]史辰羲.论地理学科学业水平考试考查内容构建[J].地理教学,2020(18).

[3]丁继昭,史辰羲.基于高考评价体系的地理科必备知识考查路径初探[J].中国考试,2020(06).

[4]袁孝亭,王向东.中学地理素养教育[M].北京:高等教育出版社,2005.

[5]袁孝亭,张志孝."地理过程"知识及其教学设计[J].地理教学,1996(01).

[6]高长安.芦苇资源化利用保护白洋淀湿地生态[N].中国科学报,2019-12-03.

[7]郑度.关于地理学的区域性和地域分异研究[J].地理研究,1998(01).

[8]傅伯杰.地理学综合研究的途径与方法:格局与过程耦合[J].地理学报,2014(08).

[9]傅伯杰.地理学:从知识、科学到决策[J].地理学报,2017(11).

[10]许嘉巍,刘惠清.自然地理过程[M].长春:东北师范大学出版社,2005.

[11]韦志榕,朱翔.普通高中地理课程标准(2017年版)解读[M].北京:高等教育出版社,2018.

[12]张亚南.地理学科考核能力要求解读[J].地理教育,2005(05).

[13]冯以浤.地理教育国际宪章[J].地理学报,1993(04).

[14]徐雪,袁孝亭.认识地理位置的方法论及其对地理教学的指向性要求[J].课程·教材·教法,2014(03).

[15]陈红霞,李国平,张丹.京津冀区域空间格局及其优化整合分析[J].城市发展研究,2011(11).

[16]吴群刚,杨开忠.关于京津冀区域一体化发展的思考[J].城市问题,2010(01).

[17]莫多闻,朱忠礼,万林义.贺兰山东麓冲积扇发育特征[J].北京大学学报(自然科学版),1999(06).

[18]朱震达.湿润及半湿润地带的土地风沙化问题[J].中国沙漠,1986(04).

[19]袁东海,王兆骞,陈欣,等.不同农作措施红壤坡耕地水土流失特征的研究[J].水土保持学报,2001(04).

[20]杨俊鹏,胡克,刘玉英.吉林西部盐碱化土壤碳酸盐的碳稳定同位素特征[J].吉林大学学报(地球科学版),2006(02).

[21]刘磊,李小雁,蒋志云,等.青海湖流域不同海拔高度土壤水分时空变化特征[J].资源科学,2017(02).